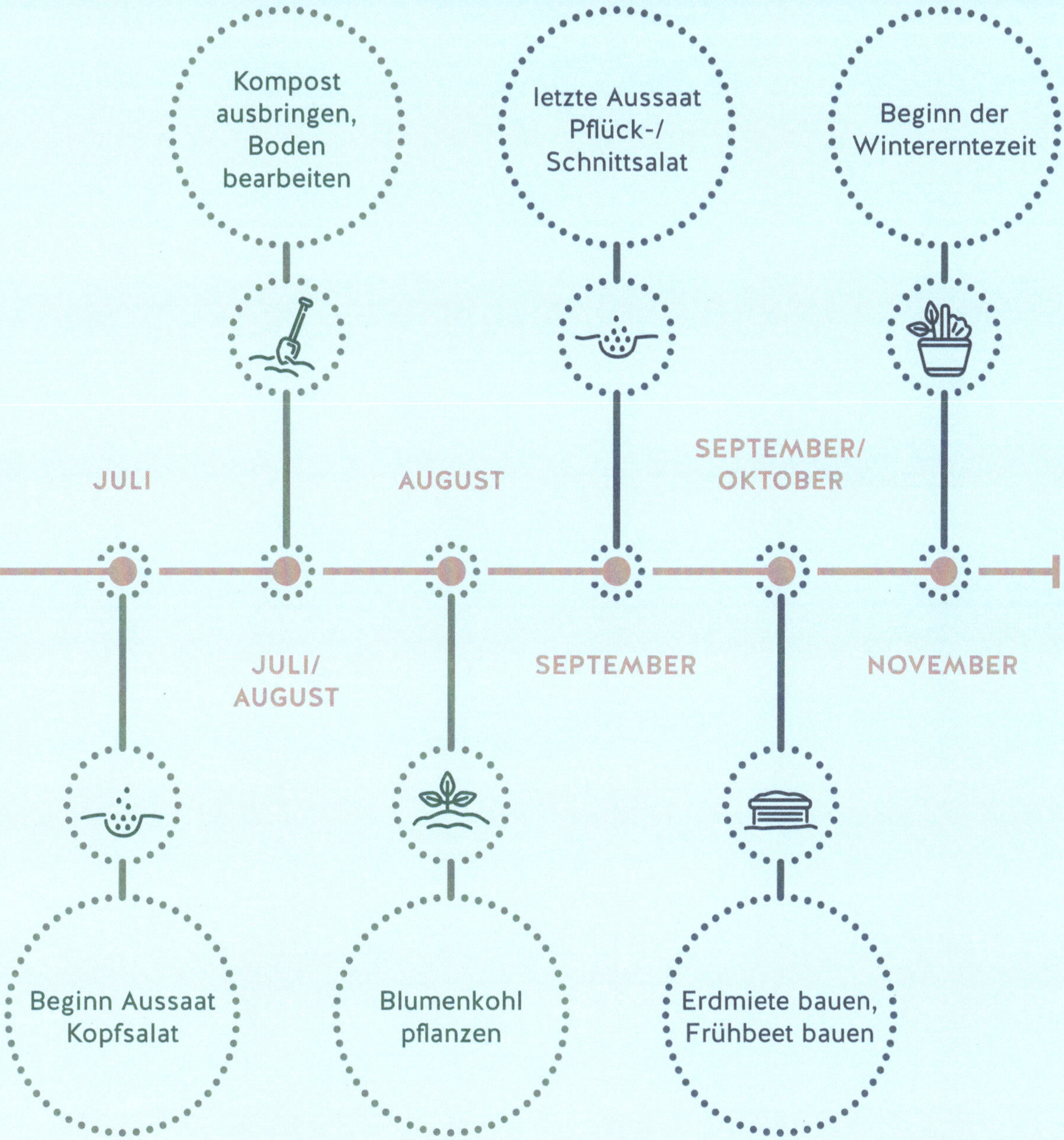
Kompost ausbringen, Boden bearbeiten
letzte Aussaat Pflück-/ Schnittsalat
Beginn der Winterverntezeit
JULI
AUGUST
SEPTEMBER/ OKTOBER
JULI/ AUGUST
SEPTEMBER
NOVEMBER
Beginn Aussaat Kopfsalat
Blumenkohl pflanzen
Erdmiete bauen, Frühbeet bauen

BURKHARD BOHNE

WINTERGEMÜSE ANBAUEN

Gute Planung – reiche Ernte

BURKHARD BOHNE

WINTERGEMÜSE ANBAUEN

Gute Planung – reiche Ernte

INHALT

Frisches Gemüse aus dem eigenen Garten ist im Winter ein besonderer Genuss. Denn Grünkohl, Radicchio, Feldsalat & Co halten uns fit und gesund.

Wintergemüse – ein schönes Wort! War es doch schon immer ein Traum vieler Hobbygärtner, im eigenen Garten frisches Gemüse zu allen Jahreszeiten zu ernten. Schließlich ist es gerade im Winter besonders wichtig, ausreichend Obst und Gemüse zu essen. Wir alle wissen: Ein gesunder Körper wird uns nicht geschenkt. Wichtigste Voraussetzung, um fit durch die kalten Monate zu kommen, ist gute Ernährung und natürlich auch etwas Bewegung. Wir haben Glück, denn in unserem reichen Land ist es kein Problem, sich jeden Tag und an jedem Ort mit qualitativ hochwertigen Lebensmitteln zu versorgen. Die Regale der Supermärkte und Bioläden sind reich gefüllt mit frischem Obst und Gemüse. Neben ursprünglich heimischen Arten, die im Winter allerdings meist aus warmen Ländern importiert werden, finden wir natürlich auch zahlreiche Exoten, die unseren Speiseplan bereichern. Doch bei immer mehr Menschen wächst nach und nach das Bewusstsein für Lebensmittel aus nachhaltiger und umweltfreundlicher Produktion, d. h. aus regionalem und biologischem Anbau.

Es ist schön zu beobachten, dass nicht nur das Bewusstsein um diese Dinge zunimmt, sondern dass viele Menschen heute auch entsprechend handeln. Deshalb ist regionales Biogemüse heute stark gefragt, und auch der Nutzgarten erlebt eine wahre Renaissance. Der Anbau von Wintergemüse passt genau in diesen Trend. Dieses Buch zeigt, was dabei alles möglich ist.

Mein besonderer Dank geht an das ganze Wintergemüse-Team, Maria Hellstern, Antonia Hoffmann, Barbara Kiesewetter und Folko Kullmann. Ohne ihren Ideenreichtum und ihr Engagement wäre das Buch nicht möglich gewesen und ich freue mich über die ausgesprochen nette und konstruktive Zusammenarbeit.

Burkhard Bohne

GRUND-WISSEN WINTER-GEMÜSE

FIT UND GESUND MIT WINTERGEMÜSE

Frisches Gemüse aus dem Garten schmeckt und liefert viele Vitamine. Mit cleverer Planung können wir auch in der kalten Jahreszeit ausreichend ernten.

Die Selbstversorgung mit frischem Gemüse aus dem eigenen Garten rund um das Jahr ist der Wunschtraum vieler Hobbygärtner. Ob dies jedoch zu erreichen ist, hängt von verschiedenen Faktoren ab. In erster Linie ist dies natürlich die Größe und die Lage des Gartens – nur eine ausreichend große Anbaufläche mit guten Bedingungen ermöglicht eine Ernte, die z. B. eine kleine Familie versorgt. Zum anderen hängt der Erfolg auch davon ab, welchen Arbeitseinsatz man leisten will und kann. Gemüseanbau erfordert schließlich etwas Zeit.

Im Frühling, Sommer oder auch Herbst ist es noch relativ einfach, reichlich frisches Gemüse aus dem eigenen Garten zu ernten, und manchmal kommt es sogar zu einer regelrechten Schwemme. Anders ist dies im Winter, wenn der Garten scheinbar ruht. Unsere Vorfahren halfen sich mit dem Einlagern und Einkochen. Später kam noch das Einfrieren von frischem Gemüse gleich nach der Ernte dazu. So konnten sie sich den ganzen Winter über versorgen.

Doch es muss ja nicht gleich die komplette Selbstversorgung sein. Schon wenn man einen Teil seines Bedarfs an Wintergemüse im eigenen Garten ernten kann, macht dies Spaß und ist obendrein viel leichter zu verwirklichen.

WICHTIG: GUTE PLANUNG

Die Palette der Wintergemüse ist weit abwechslungsreicher als wir glauben. Als Erstes denkt man natürlich an Kohlarten wie Grünkohl, Rosenkohl, Rotkohl oder auch Sauerkraut. Aber auch Suppengemüse wie Sellerie, Porree, Pastinaken und Rüben zählen zu den Klassikern der Wintergemüse. Und, ganz wichtig, auch Winterrettich und Feldsalat.

Gemüseanbau bedarf jedoch immer einer guten Planung, und von besonderer Bedeutung ist dies beim Wintergemüse. Entscheidend für ein gutes Gelingen sind – neben den grundsätzlichen Regeln z. B. zu Bodenbearbeitung, Mischkultur und Fruchtfolge – eine geschickte Sortenwahl und eine zeitliche Staffelung der Aussaaten bzw. der Pflanzungen. Hinzu kommen der passende Winterschutz und weitere Maßnahmen, die das Ausreifen der Gemüse und eine verlängerte Ernte bis weit in den Winter oder sogar bis in das zeitige Frühjahr hinein möglich machen.

Der Garten liefert auch im Winter Gemüse. Viele Kulturen vertragen frostige Temperaturen.

GEMÜSEANBAU IN DER ZWEITEN JAHRESHÄLFTE

Die sorgfältige Wahl der geeigneten Arten und Sorten und etwas Know-how bei der Pflege sind die Basis für den Gemüseanbau im Herbst und Winter.

Egal, zu welcher Jahreszeit wir Gemüse anbauen: Nur wenn wir den Lebensrhythmus der verschiedenen Pflanzen so gut wie möglich verstehen, können wir die richtigen Voraussetzungen dafür schaffen, dass sie gesund heranwachsen und eine reiche Ernte liefern. Umso wichtiger ist dieses Wissen, wenn wir auch noch spät im Herbst und den Winter über Gemüse kultivieren und ernten möchten – schließlich sind die Wachstumsbedingungen in dieser sehr lichtarmen Zeit mit vielen Niederschlägen und niedrigen Temperaturen für viele Gemüse nicht ideal. Es gibt also etwas mehr zu bedenken als beim Anbau im Frühjahr und Sommer.

Wintergemüse ist vielfältig und gesund. Möhren, Rote Bete und viele mehr gehören auf jeden Speiseplan.

- An erster Stelle steht die Auswahl von geeigneten Gemüsen. Zu den klassischen Wintergemüsen zählen Kohl, Spinat, Mangold oder auch Karotten. Sie gelten als ausgesprochen kältetolerant und lassen sich in Gegenden mit mildem Klima ganzjährig im Freiland kultivieren. Auch Lauch, Sauerampfer, Endivien, Rucola oder Petersilie sind Beispiele für Gemüse, die man auch im Herbst und Winter ernten kann. Sie haben teilweise einen geringeren Lichtbedarf als andere Gemüse und wachsen deshalb selbst im Winter noch recht gut. Und weil genau diese Arten in warmen Sommern oft an Hitzestress leiden, ist ihre Qualität, wenn man sie im Herbst, Winter und Frühjahr erntet, sogar besonders hoch.
- An zweiter Stelle steht die Auswahl geeigneter Sorten. Für die Winterernte kommen in erster Linie mittlere und späte Sorten infrage sowie solche, die sich gut lagern lassen (→ Seite 16).
- Damit die Pflanzen noch genug Zeit zum Ausreifen haben, sind eine gute Anbauplanung und das Einhalten von Aussaat- und Pflanzterminen oberstes Gebot (→ Seite 16).
- Weil aber auch manche robuste Gemüse letztlich leiden, wenn es zu kalt und/oder zu nass wird, muss man Vorkehrungen treffen, um diese Pflanzen zu schützen (→ Seite 14/15).

PFLANZENPFLEGE IM WINTER

Nach und nach verändern sich im Herbst die Wachstumsbedingungen für die Pflanzen. Dies gilt es bei der Pflege zu beachten.

Zu den beliebtesten Wintergemüsearten zählt der Kohl. Grünkohl, Kohlrabi und Kopfkohl benötigen viel Platz im Garten und müssen rechtzeitig gesät werden. Eine gute Planung und die richtige Pflege führen zu reichen Ernten auch im Winter.

- Solange der Boden im Herbst noch warm ist, wächst Gemüse relativ schnell. In dieser Zeit brauchen die Pflanzen deshalb noch genügend Wasser. Allerdings ist es in der lichtärmeren Jahreszeit besonders wichtig, bedarfsgerecht zu gießen. Der Boden sollte zwar gut durchfeuchtet werden, darf aber auch ruhig einmal trockenfallen. Staunässe muss dagegen unbedingt vermieden werden – dies ist noch wichtiger als im Sommer. Außerdem dürfen die Blätter der Gemüsepflanzen nicht ständig nass sein, sonst breiten sich Fäulnis und Pilzkrankheiten sehr schnell aus. Man gießt deshalb am besten morgens an sonnigen Tagen und achtet darauf, dass die Blätter beim Gießen möglichst trocken bleiben oder wenigstens später gut abtrocknen können. Damit das möglich ist, darf man nicht zu eng säen oder pflanzen, nur dann kann der Wind die Blätter nach dem Gießen trocknen.
- Die folgende alte Gärtnerregel gilt im Herbst ebenso wie im Sommer: Nach dem Regen wird gehackt! Durch das Hacken wird die oberste Bodenkrume aufgerissen und das aus tieferen Bodenschichten emporsteigende Wasser kann nicht so einfach verdunsten, weil das Hacken die feinen Kapillaren in der obersten Bodenschicht zerstört. So bleibt das aufsteigende Wasser im Boden und steht den Pflanzen zur Verfügung. Außerdem werden durch regelmäßiges Hacken keimende Wildkräuter in ihrer Entwicklung gestört und können nicht mehr mit dem Gemüse um Nährstoffe und Wasser konkurrieren.
- Wenn die Tage kürzer werden und die Temperaturen sinken, wachsen alle Pflanzen – und natürlich auch Gemüse – schließlich langsamer. Manchmal erreichen sie auch nicht ihre gewohnte Größe und brauchen zudem mehr Zeit zum Reifen. Daraus folgt, dass die meisten Gemüse mit viel weniger Platz auskommen, als wir es vom Anbau im Sommerhalbjahr gewohnt sind. Wir können also viel enger säen und pflanzen, als wir das normalerweise im Frühjahr tun.
- Wenn das Gemüse langsamer wächst, bedeutet das auch, dass der Boden nicht mehr so viele Nährstoffe zur Verfügung stellen muss wie in den Sommermonaten. Besonders Stickstoff, der wichtigste Nährstoff für das Pflanzenwachstum und die Bildung von Chlorophyll, wird in einem sehr viel geringeren Maß benötigt. Er kann in hoher Konzentration sogar schaden. Das Gemüse wächst dann zu schnell, bildet weiches Gewebe und ist damit anfälliger für Pflanzenkrankheiten. Auch der Geschmack

Frisch und lecker: Feldsalat ist ein typischer Wintersalat und schon nach kurzer Kulturzeit erntereif.

leidet darunter, und häufig reichern die Pflanzen sehr hohe Konzentrationen von gesundheitsschädlichem Nitrat an. Eine Düngung ist beim Winteranbau deshalb meist nicht notwendig. Meistens reichen die im Boden vorhandenen Restmengen an Stickstoff aus dem Frühjahr und Sommer aus, um das Gemüse im Herbst und Winter zu versorgen.

- Anders ist es bei dem Nährstoff Kalium: Er sorgt für festes Pflanzengewebe und damit für robustes Gemüse mit intensivem Geschmack. Falls der Boden durch den Anbau von stark zehrendem Sommergemüse erschöpft ist, wird im Herbst deshalb noch einmal kalibetont gedüngt, z. B. mit Tomatendünger.
- Die vielleicht wichtigste Pflegemaßnahme im Herbst und Winter ist jedoch das Ausputzen der Pflanzen, denn absterbende Blätter sind ein Refugium für Krankheitserreger wie Bakterien und Pilze.

GANZ OHNE KÄLTESCHUTZ GEHT ES NICHT

Auch wenn man für den Winteranbau nur kältetolerante Gemüsearten und -sorten wählt, kann man das Thema Winterschutz – außer in wintermilden, frostfreien Regionen – nicht ganz außer Acht lassen. Mit folgenden Schutzmaßnahmen kommt man im winterlichen Gemüsegarten aber gut über die Runden. Sie schützen vor Wind und Frost, und die Pflanzen bekommen trotzdem genug Licht.

- Eine Abdeckung mit Fichtenzweigen, Laub, Mulch oder Stroh schützt Pflanzen vor strengen Frösten. Bei dieser Abdeckung geht es weniger um die Erhöhung der Bodentemperatur, sondern darum, die Blätter im Winter vor zu viel Sonne und Wind zu schützen. Wintergrüne Pflanzen verdunsten ständig Wasser, das auf durchgefrorenen Böden nicht ausreichend durch die Wurzeln nachgeliefert werden kann. Schließlich verdursten sie. Werden die Blätter bei strengen Frösten jedoch beschattet, stellen die Pflanzen ihren Stoffwechsel und damit ihren Wasserverbrauch weitestgehend ein.
- Um den Boden – etwa für die Ernte von Wurzelgemüse oder Porree – möglichst lange frostfrei zu halten, breitet man ein Frostschutzvlies über die Beete aus oder bedeckt sie mit einer dicken Mulchschicht. Der Boden bleibt

Warm-kaltes Wechselspiel

Wird der Wintergemüseanbau leichter, weil die Winter immer milder sind? Leider nein. Denn die Winter werden zugleich immer unbeständiger. Die Pflanzen leiden unter dem Wechsel von milden Temperaturen und strengem Frost sowie unter starken Niederschlägen. Auch fehlt häufig eine geschlossene Schneedecke, die die Pflanzen vor Kälte schützt. Wenn man im Winter Gemüse anbaut, muss man deshalb immer geeignete Schutzmaßnahmen bereithalten.

dadurch länger warm, und wir können auch bei frostigen Lufttemperaturen noch ernten. Bei lang anhaltender Kälte reichen Vlies oder Mulch jedoch nicht aus, das Gemüse friert schließlich ein. Am besten ist es dann, es rechtzeitig abzuernten und einzulagern.

- Pflanzen wie Salat, Spinat oder Radieschen wachsen unter Vlies nicht besonders gut. Für diese Kulturen ist es besser, vorsorglich einen Folientunnel zu bauen (→ Seite 36). Der Tunnel kann direkt nach der Aussaat oder Pflanzung aufgestellt werden oder, noch besser, man stellt ihn nur dann auf, wenn längere Kälteperioden zu erwarten sind. Denn je länger die Pflanzen im Freiland wachsen können, umso aromatischer werden sie im Geschmack.
- Glocken, Hütchen und mobile Kästen sind ebenfalls eine gute Möglichkeit, empfindliches Gemüse temporär abzudecken und so gegen Kälte zu schützen. Bei sehr starken Frösten können Glocken und mobile Kästen nachts zusätzlich mit Schilfmatten abgedeckt werden.
- Genial und einfach ist das Frühbeet (→ Seite 32/33). Dabei handelt es sich um ein überdachtes Beet aus einem stabilen Rahmen aus Ziegelsteinen, Beton, Holz oder Kunststoff und einer Abdeckung aus Glas oder durchsichtigem Kunststoff. Ein Frühbeet wird stationär gebaut und kann ganzjährig genutzt werden. Im Sommer und Herbst entfernt man die Abdeckung, sodass das Gemüse unter Freilandbedingungen wächst. Bei zu viel Kälte oder Nässe im späten Herbst wird die Abdeckung wieder aufgelegt, und die Kulturen sind geschützt.
- Eine Variante des Frühbeets ist das Mistbeet (→ Seite 31). Hier wird der Boden mit Mist angereichert, der verrottet. Die entstehende Wärme schützt empfindliche Pflanzen.
- Den besten Winterschutz bietet ein Gewächshaus, doch die Anschaffung will gut überlegt sein (→ Seite 40/41). Ein Gewächshaus hat seinen Preis und benötigt Platz. Doch einmal angeschafft, wird der Wintergemüse-Liebhaber schnell seine Vorteile zu schätzen wissen.

Viele Kulturen benötigen einen Schutz vor Kälte, oft hilft die Abdeckung mit Vlies (oben). Das Gewächshaus macht die ganzjährige Ernte möglich (unten).

SATZ FÜR SATZ ZU LANGER ERNTE

Jede Pflanze hat ihren eigenen Rhythmus und benötigt zum Wachsen und Reifen eine ganz bestimmte Zeit. Durch den Anbau in Sätzen kann man die Erntezeit verlängern.

Die verschiedenen Gemüsearten wachsen mit unterschiedlichem Tempo, im Sommer natürlich generell schneller als in der lichtarmen Jahreszeit. Wir Gärtner können uns das zunutze machen – schließlich wollen wir im Garten weder im Sommer eine Ernteschwemme noch eine lange Erntepause im Winter. Der beste Garant für die Ernte über lange Zeit ist deshalb die Staffelung von Aussaat und Pflanzung.

DAS RICHTIGE TIMING

Für eine gute Planung muss man als Erstes die voraussichtliche Kulturzeit zwischen Aussaat und Ernte kennen. Diese Informationen sind in den Porträts ab Seite 88 angegeben, oder man findet sie auf den Samentütchen.

Die meisten Gemüsearten gibt es heute in sehr vielen Sorten zu kaufen, und man sollte sorgfältig auf die richtige Auswahl achten. Es gibt frühe und späte Sorten, Sorten für den frischen Verzehr oder Sorten, die sich für die Lagerung eignen. Wenn wir langsam wachsendes Gemüse wie Lauch, Möhren oder Kohl für die Winterernte anbauen wollen, sind fast immer späte Sorten am besten geeignet. Eine Staffelung der Aussaaten ist bei ihnen nicht notwendig.

Bei schnellwachsendem Gemüse wie Salat, Radieschen oder Spinat ist das etwas anderes. Bei diesen Kulturen handelt es sich um Kurztagspflanzen, das heißt, sie haben im Frühjahr oder Herbst den meisten Zuwachs. Im Sommer beginnen sie zu schießen und setzen Blüten an. Aus diesem Grund wurden frühe und späte Sorten gezüchtet. Frühe Sorten wachsen im Frühjahr und werden geerntet, bevor die langen Sommertage die Blütenbildung auslösen. Späte Sorten dieser Gruppe haben den Vorteil, dass die Pflanzen auch im Sommer, wenn die Tage lang sind, nicht oder nicht so schnell zur Blüte kommen. Wir können also auch im Sommer Radieschen, Salat oder Spinat ernten, allerdings nicht so üppig wie im Frühjahr. Im Herbst werden die Tage wieder kürzer und die Pflanzen setzen keine Blüten mehr an. Daher sind frühe Sorten in der Regel auch für den Winteranbau geeignet.

Besonders clever ist es, mehrere Sätze nacheinander auszusäen. Das verlängert die Erntezeit erheblich.

Wenn es im Beet einmal nicht genug Platz für den nächsten Aussaatsatz gibt, hilft die Vorkultur in der Multitopfplatte oder im Topf. Die Sämlinge können rechtzeitig keimen und werden ausgepflanzt, sobald ihr vorgesehener Platz frei wird.

Je weiter der Herbst fortschreitet und die Tage kürzer und kälter werden, umso länger brauchen die Pflanzen von der Aussaat bis zur Ernte. Wenn man sein Gemüse also über einen längeren Zeitraum ernten möchte, macht eine zeitliche Staffelung der Aussaat Sinn. Im Frühling werden die Sätze im Abstand von zwei bis vier Wochen gesät, um eine möglichst lange Erntezeit zu haben. Im Herbst ist es umgekehrt. Je kürzer die Tage werden, umso länger braucht das Gemüse zum Wachsen und Reifen. Das heißt, man sät die Sätze im Abstand von ein bis zwei Wochen.

DAS IST WICHTIG FÜR DIE PLANUNG

Der Anbau von Wintergemüse startet meist in der zweiten Jahreshälfte. Im Herbst ausgesäte Pflanzen wachsen jedoch viel langsamer, und ab einer Tageslänge von etwa zehn Stunden stellen sie ihr Wachstum fast ganz ein. Sie haben dann kaum noch Zuwachs, können aber weiterhin reifen oder bleiben zumindest lange Zeit frisch.

- Die einzelnen Sätze von Salat, Spinat oder Radieschen wachsen zügig, reifen nach und nach und können auch im Winter über einen längeren Zeitraum frisch geerntet werden.
- Wurzelgemüse wie Möhren oder Pastinaken stehen dagegen viel länger im Beet. Sie wachsen zwar kaum noch, halten sich in der Erde aber lange. Auf frostfreien Böden kann man sie, mit oder ohne Winterschutz, den ganzen Winter über direkt vom Beet ernten.
- Allgemein gilt, dass Gemüse immer am aromatischsten und am gesündesten ist, wenn es in seinem eigenen Tempo reifen kann. Das gilt besonders für den Winteranbau, denn oft wird durch die Einwirkung von Kälte oder Frost der Geschmack erheblich verbessert. Manches bitter schmeckende Gemüse wird milder oder gar süßlich, anderes wird aromatischer oder schärfer. So wachsen z. B. Kohlpflanzen auch bei kühleren Temperaturen im Herbst und frühen Winter noch recht gut und brauchen für ihre Entwicklung manchmal sogar Kälte. Jeder weiß, dass Grünkohl um Vieles besser schmeckt, wenn er auf dem Beet einmal richtig durchgefroren ist.
- Für einen ausgefeilten Anbauplan sollte man außerdem die Erkenntnisse der Mischkultur berücksichtigen (→ Seite 18/19). Welche Kulturen fördern sich, welche Kombinationen sollte man besser vermeiden?
- Auch Fruchtfolge, also die Wahl der geeigneten Vor- und Nachfrucht (→ Seite 20/21), sollte in die Planung einfließen. So ist gewährleistet, dass die Beete optimal genutzt werden und so viel wie möglich geerntet werden kann.

MISCHKULTUR & FRUCHTWECHSEL

Pflanzen haben ganz unterschiedliche Ansprüche, und das ist gut: Richtig kombiniert fördern sie sich gegenseitig, und Krankheiten und Schädlinge werden in Schach gehalten.

Jede Pflanze, natürlich auch jede Gemüseart, hat ganz unterschiedliche Bedürfnisse, die alle befriedigt werden müssen. Einige benötigen volle Sonne, andere wachsen im Halbschatten noch gut. Auch der Bedarf an Nährstoffen und Wasser ist unterschiedlich. Und nicht alle Arten kommen auf jedem Boden zurecht. Zu guter Letzt ist zu beachten, dass nicht alle Gemüsearten gleich gut miteinander auskommen. Manche fördern sich gegenseitig, andere bremsen sich im Wachstum.

Das A und O einer gelungenen Anbauplanung ist deshalb die Mischkultur. Dabei werden unterschiedliche Pflanzenarten in Reihen nebeneinander angebaut, es können zudem aber auch innerhalb der Reihe verschiedene Arten abwechselnd kultiviert werden.

Ohne Fruchtwechsel geht es nicht: Kohl gehört jedes Jahr an einen neuen Standort.

Die Bedeutung von Mischkulturen wird sofort klar, wenn man sich die Pflanzengesellschaften der Natur anschaut. Dort gibt es keine Monokulturen, sondern es wachsen ganz verschiedene Pflanzen nebeneinander am selben Standort. Und weil sie sich gegenseitig positiv beeinflussen, sind Krankheiten und Schädlinge die Ausnahme. Für uns bedeutet das, dass wir eine möglichst große Vielfalt von Arten ins Gemüsebeet bringen sollten. Die Vorteile der Mischkultur liegen auf der Hand:

- Weil man Starkzehrer neben Schwachzehrer oder Flachwurzler neben Tiefwurzler pflanzt, werden die im Boden vorhandenen Nährstoffe optimal genutzt. Der Boden wird nicht ausgelaugt und bleibt gesund und fruchtbar.
- Weil man in der Mischkultur auch darauf achtet, große und kleine Pflanzen nebeneinanderzusetzen, können sie das vorhandene Platz- und Lichtangebot optimal nutzen.
- Obendrein sorgt die Mischkultur dafür, dass der Boden fast ganz von einer geschlossenen Pflanzendecke bedeckt ist. So kann er kaum austrocknen und braucht weniger Wasser, es gibt kaum Platz für Wildkräuter, und die Bodenerosion wird reduziert. Außerdem bleibt die Bodentemperatur einigermaßen konstant, was die Bodenorganismen fördert.
- Doch Mischkulturen können noch viel mehr. Gesundes Gemüse enthält viele Inhaltsstoffe, die zum einen für das Wachstum der Pflanzen, zum anderen aber auch für unsere Ernährung

von Bedeutung sind. Die von den Pflanzen produzierten ätherischen Öle vertreiben Schädlinge wie Läuse und Thripse, Pflanzen mit scharfen Inhaltsstoffen (Lauch oder Zwiebeln) schützen vor Pilzkrankheiten. Diese Eigenschaften werden in der Mischkultur genutzt. Ein Klassiker ist die Kombination von Möhren und Zwiebeln. Die Ausdünstungen beider Pflanzen vertreiben ihre Hauptschädlinge, die Möhren- und die Zwiebelfliege. Auch Sellerie und Kohl sind ideale Nachbarn, denn sie schützen sich gegenseitig vor Sellerierost bzw. den Raupen des Kohlweißlings. Ein weiteres Beispiel sind Salat und Radieschen, denn Salat bewahrt Radieschen vor Erdflohbefall. Weitere bewährte Gemüse-Kombinationen sind jeweils bei den Porträts angegeben.

WICHTIG: FRUCHTWECHSEL

Aus dem Biogartenbau wissen wir, dass es dem Boden guttut, wenn wir auf jeder Fläche jährlich wechselnde Arten und Pflanzenfamilien kultivieren, denn Bodenermüdung und die abnehmende Fruchtbarkeit sind immer eine Folge von Kulturen, die sich wiederholen. Außerdem verbreiten sich Krankheiten wie Pilze oder Wurzelählchen immer weiter, wenn Jahr für Jahr Arten derselben Pflanzenfamilie im selben Beet angebaut werden. Besonders problematisch ist die Infektion mit Kohlhernie, einer Wurzelkrankheit, deren Erreger lange Zeit im Boden überdauern. Gefährdet sind vor allem Kreuzblütler, zu denen Kohlarten, Kresse, Rucola und Rettiche zählen. Aus diesem Grund wird z. B. Kohl erst wieder nach vier Jahren auf demselben Beet angebaut. So sinkt das Infektionsrisiko ganz erheblich. Andere Arten können alle zwei oder drei Jahre auf demselben Beet angebaut werden.
Wie bei der Mischkultur spielt beim Fruchtwechsel auch der Nährstoffbedarf der verschiedenen Gemüsepflanzen eine wichtige Rolle. Deshalb baut man Stark-, Mittel- und Schwachzehrer in aufeinander folgenden Jahren an und achtet dabei auch darauf, dass die Pflanzenfamilien wechseln. So wird dafür gesorgt, dass sich der Boden sehr gut regenerieren kann.

Mischkulturen helfen dem Gemüse und dem Boden. Die Pflanzen bleiben gesund, und die Fruchtbarkeit des Bodens nimmt sogar noch zu.

Unterschiedlicher Bedarf

Je nach Nährstoffbedarf teilt man Gemüse und Kräuter in Stark-, Mittel- und Schwachzehrer ein. Zu den Starkzehrern gehören z. B. alle Kohlarten und Sellerie, zu den Mittelzehrern Salat, Mangold, Möhren und Spinat, Schwachzehrer sind Erbsen, Bohnen und viele Kräuter. Erbsen und Bohnen zählen außerdem zu den sogenannten Leguminosen. Die Mitglieder dieser Pflanzenfamilie sammeln Stickstoff aus der Luft und reichern ihn im Boden an. Sie sind deshalb ideal für eine Folgebepflanzung mit Starkzehrern.

EIN GEMÜSE NACH DEM ANDEREN: DIE FRUCHTFOLGE

Auf jedem Beet wachsen vor dem Herbst- und Wintergemüse andere Kulturen. Welche man als Vorfrucht wählt, beeinflusst stark, wie die nachfolgenden Gemüse gedeihen.

Neben Fruchtwechsel und Mischkultur ist für den Winteranbau von Gemüse auch die Fruchtfolge wichtig. Darunter versteht man die zeitliche Abfolge verschiedener Gemüsekulturen auf einem Beet innerhalb eines Jahres. Die einzelnen Kulturen in dieser Abfolge bezeichnet man auch als Vorfrucht, Hauptfrucht und Nachfrucht. So kann man z. B. mittelfrühe Möhren als Vorfrucht säen und ernten, bevor man schließlich im Hochsommer für den Herbst und Winter Kohl ins Beet pflanzt. Oder man pflanzt als Vorfrucht Kohlrabi und Salat, bevor der Porree für den Winter gesetzt wird.

Die Fruchtfolge ist von großer Bedeutung. Das Beet wird gut genutzt, und es wird mehrfach geerntet.

Genau wie bei Mischkultur und Fruchtwechsel müssen die Vorfrucht und die nachfolgende Kultur für den Winteranbau gut aufeinander abgestimmt werden (→ Tabelle). Nur dann können alle Pflanzen davon profitieren. Bei einer gelungenen Kombination werden die im Boden noch vorhandenen Nährstoffe optimal genutzt, und das Risiko von Krankheiten wird minimiert. Ist nach einer Vorkultur dagegen der im Herbst noch vorhandene Stickstoffgehalt im Boden zu hoch, wird das Wintergemüse mastig, d. h., das Pflanzengewebe ist weich und anfällig für Krankheiten. Außerdem können die Pflanzen ihr Aroma nicht voll ausbilden und reichern Nitrat an. Mit der passenden Vorfrucht sorgt man also dafür, dass möglichst genauso viel Stickstoff im Boden enthalten ist, wie die nachfolgende Winterkultur zum Wachstum braucht.
Die Vorfrucht hat noch einen Vorteil: Es ist immer gut, wenn Beete möglichst immer bestellt sind, denn eine geschlossene Pflanzendecke schützt den Boden und tut ihm gut.
Vorfrüchte für unser Wintergemüse sind in der Regel schnellwachsende Frühlings- und Frühsommerkulturen. Dazu zählen Radieschen und Kopfsalat, aber auch Kohlrabi, Ackerbohnen, frühe Erbsen, Spinat und Frühkartoffeln. Sie werden so früh im Sommer geerntet, dass immer noch Wintergemüse wie Endivien, Grünkohl oder Lauch in die Beete gepflanzt werden können. Gemüsepflanzen, die etwas mehr Zeit zum Ausreifen brauchen, wie etwa Sommerkohl,

Manchmal entsteht eine zeitliche Lücke zwischen zwei Kulturen. In dieser Zeit sät man schnellwachsende Arten wie Kresse.

frühe Möhren oder Zwiebeln, bleiben bis zum Sommer im Beet. Ihnen können Freilandaussaaten wie Spinat oder Feldsalat folgen.
Bei der Wahl der Vorfrucht ist es wieder ganz wichtig darauf zu achten, dass Kreuzblütler wie beispielsweise Kohl nicht auf Kreuzblütler folgen und dass Starkzehrer sich mit Schwach- und Mittelzehrern abwechseln. Im Idealfall pflanzt man z. B. Kohl nach der Ernte von stickstoffsammelnden Pflanzen wie Erbsen oder Bohnen.

GRÜNE ZWISCHENLÖSUNG

Wenn zwischen der Ernte von Sommergemüse und der Aussaat oder Pflanzung von Wintergemüse nur ganz wenig Zeit bleibt, kann man sie für eine schnelle Zwischenfrucht nutzen. Man bringt noch etwas Kompost aus und sät z. B. Kresse oder Radieschen oder pflanzt Salat.
Eine Alternative zur Zwischenfrucht ist die Aussaat einer Gründüngung. Anders als die Zwischenfrucht wird sie nicht geerntet, sondern dient in erster Linie der Bodenpflege und wird schließlich in den Boden eingebracht oder kompostiert (→ Seite 44). Bei der Auswahl von geeigneten Gründüngern beachtet man wiederum die Regeln von Mischkultur und Fruchtwechsel. So gibt es auch unter den Gründüngern Kreuzblütler wie den Senf, genauso Starkzehrer wie Sonnenblumen oder Stickstoffsammler wie Lupinen. Ein bewährter Gründünger, der fast immer passt, ist der Bienenfreund (Phacelia). Er keimt und wächst sehr schnell, bildet viel Blattmasse, aber im Jungstadium wenig harte Strünke. Bei der Vorbereitung der Winterbeete wird er in den Boden eingearbeitet.

WAS EIGNET SICH ALS VORFRUCHT?

WINTERKULTUR	PASSENDE VORFRUCHT
Asia-Salat	Erbsen, Radieschen, Spinat, Stangensellerie
Bohnen	Kohl, Kartoffeln, Sommerporree
Endivien	Buschbohnen, Möhren, Zwiebeln
Erbsensprossen und -triebe	Sommerkohl, Kohlrabi, Möhren, Radieschen
Knoblauch	Erbsen, Puff- und Stangenbohnen
Kohl	Erbsen, Radieschen, Spinat, Stangensellerie
Kohlrabi	Radieschen, Salat, Spinat
Mangold	Senf
Möhren	Lauch
Porree	Sommerkohl, Kohlrabi, Salat
Radieschen/Rettich	Bohnen, Salat, Sellerie, Zwiebeln
Rote Bete	Sommerkohl, Kohlrabi, Radieschen, Salat
Sellerie	Winterspinat

VON DER GEMÜSE-WUNSCHLISTE ZUM BEETPLAN

Von Sortenwahl bis Mischkultur – bei der Anbauplanung ist vieles zu bedenken. Doch keine Angst: Schritt für Schritt wird aus der Gemüse-Wunschliste ein konkreter Plan.

Die gute Nachricht zuerst: Je mehr unterschiedliche Gemüse man auf einem Beet kultiviert, umso größer ist die Chance, dass sie gut gedeihen und Schädlinge und Krankheiten sich in Grenzen halten. Allzu viel kann also nicht schiefgehen, wenn man bei der Anbauplanung einmal nicht alle Aspekte genau berücksichtigt.

DER ANBAUKALENDER

Der Anfang ist ganz einfach: Bevor man einen Anbauplan für das Wintergemüse erstellt, schreibt man als Erstes eine Wunschliste. Auf ihr notiert man, welche Gemüsearten überhaupt angebaut werden sollen. Als Zweites prüft man, welche Gemüse im Frühjahr und Sommer auf welchem Beet angebaut werden. Daraus folgt, wann welches Beet wieder frei wird und neu bepflanzt werden kann. Zusätzlich schreibt man auf, welches bereits gepflanzte Gemüse noch bis zum Winter im Beet stehen bleiben muss und welche mehrjährigen Kulturen dauerhaft in den Beeten stehen.

Den besten Überblick bekommt man, wenn man alle Aussaat- bzw. Pflanztermine sowie die Erntezeiten der Frühjahrs- und Sommerkulturen in einen Jahresplaner einträgt. So sieht man auf einen Blick, welche Kulturen wie lange stehen bleiben und wie viele Kulturen für den Winteranbau neu geplant werden können.

Im nächsten Schritt gleicht man die frei werdende Plätze mit den Gemüsearten auf der Wunschliste ab und trägt die entsprechenden Aussaat- und Erntetermine dieser Kulturen in den Jahresplaner ein. Dabei sollte man nicht vergessen, dass viele Gemüsearten in mehreren Sätzen gestaffelt angebaut werden können.

Bei guter Planung kann das Beet ständig neu bepflanzt werden. Dank Etiketten behält man den Überblick.

Mit oder ohne Vorkultur?

Wenn alle Gemüsearten für den Winteranbau feststehen, stellt sich noch die Frage, ob sie direkt ins Beet gesät werden sollen oder ob eine Vorkultur im Saatbeet oder Topf nötig oder sinnvoll ist (→ Seite 50). Grundsätzlich kann man jedes Gemüse direkt ins Beet säen, doch es gibt auch Gründe für die Vorkultur, z. B., wenn die

Zeit zwischen der Ernte des Sommergemüses und der Saat des Wintergemüses zu knapp ist oder wenn das Saatgut sehr fein ist. Auch langsam wachsende Gemüse kann man im Jungstadium im Topf besser pflegen. In diesen Fällen zieht man die Pflanzen in Töpfen oder im Saatbeet vor und pflanzt sie dann ins Beet. Kohl, Salat und Endivien eignen sich z. B. sehr gut für die Vorkultur, Wurzelgemüse, Rettich und Radieschen dagegen nicht (→ Seite 88, Porträts).

Der genaue Beetplan

Ist der Anbaukalender fertig, geht es um die Platzeinteilung auf den Beeten. Am besten zeichnet man dazu maßstabsgerecht für jedes Beet einen Plan und trägt die gewünschten Gemüsekulturen ein. Dabei berücksichtigt man auch die für die einzelnen Kulturen nötigen Reihen- bzw. Pflanzabstände. Kohl und Endivien brauchen z. B. viel Platz, Radieschen, Spinat und Salat kommen mit weniger zurecht. Anhand der Reihen- und Pflanzabstände der einzelnen Gemüsearten kann man zu guter Letzt auch ermitteln, wie viel Saatgut bzw. Pflänzchen man braucht.

Wintergemüse-Puzzle

Ein guter Trick ist es, die Maße der Beete auf ein großes Blatt Papier zu zeichnen und die verschiedenen Gemüse mit Streifen oder Stücken aus verschiedenfarbiger Pappe darzustellen. Die Pappen werden entsprechend des Platzbedarfs der Pflanzen verschieden groß ausgeschnitten und auf dem Beetplan ausgelegt. Beim Planen schiebt man sie so lange hin und her, bis alles passt. Das kann etwas dauern, schließlich muss man bei der Planung immer auch die Regeln von Fruchtfolge und -wechsel sowie der Mischkultur berücksichtigen (→ Seite 18–21). Ist alles stimmig, entfernt man die Pappen und zeichnet die Namen oder Symbole der Gemüse ein. So kann man den Plan zum Säen und Pflanzen immer mit in den Garten nehmen.

Jede Gemüseart braucht ausreichend Platz. Der Beetplan zeigt, wie viele Pflanzen benötigt werden, und hilft bei der Einteilung der Fläche.

GEMÜSE-PRAXIS IM HERBST & WINTER

VON DER BEETANLAGE BIS ZUR BODENBEARBEITUNG

Damit der Anbauplan gelingt, braucht jedes Gemüsebeet etwas Vorbereitung. Denn Standort und Boden müssen den Ansprüchen der einzelnen Gemüse genügen.

Bevor man den Anbauplan in die Tat umsetzt, sollte man prüfen, ob der Garten alles bietet, was für die Gemüsekultur nötig ist. Neben der richtigen Beetanlage und -vorbereitung zählen dazu Hilfsmittel wie Frühbeet, Folientunnel oder Kleingewächshaus. Sie helfen, die Kulturen zu schützen und die Erntezeit zu verlängern. Beherrscht man dazu die Basics der wichtigsten Arbeiten wie Bodenbearbeitung, Mulchen und Düngung, ist eine gute Winterernte garantiert.

STANDORT, BEETFORM UND WEGE

Die meisten Gemüse und Kräuter lieben Licht und Wärme. Deshalb sollten Gemüsebeete an einem sonnigen und etwas windgeschützten Standort liegen. Bei der Neuanlage ist es einfach, dies bei der Platzwahl zu berücksichtigen. Existiert der Garten bereits und ist die Position der Beete nicht ideal, sollte man sie an einem geeigneteren Platz neu anlegen. Bessere Ernten in den nächsten Jahren machen den Aufwand wett. Welche Form man den Beeten gibt, hängt vom Geschmack sowie dem Gesamtplan des Gartens ab. Bewährt haben sich Beete mit rechteckiger oder quadratischer Form mit einer Breite von 1–1,5 m. Breiter sollten sie nicht sein, damit man das Beet noch bequem bearbeiten und die Pflanzen von allen Seiten aus gut erreichen kann. Dabei helfen auch Wege zwischen den Beeten. Wenn man Beete mit der Schubkarre erreichen will, müssen diese Wege mindestens 60–80 cm breit, ansonsten können sie schmaler sein.

Legt man Wege neu an, lockert und harkt man zunächst den Boden auf der ganzen Anbaufläche. Dann markiert man die Wege mit einer Schnur und harkt etwas Erde von den geplanten Wegen in die Beete. Die so entstandenen Wegflächen werden gestampft. Anschließend kann man die Wege unbefestigt lassen und z. B. nur mit Rindenmulch abstreuen. Unbefestigte Wege haben den Vorteil, dass man ihren Verlauf leicht ändern kann. Mit Brettern, Platten, Kies oder Holzdecks befestigte Wege ermöglichen dagegen über Jahre auch bei starkem Regen einen bequemen Zugang. Bei ihnen empfiehlt sich zudem eine Beeteinfassung. So gelangt keine Erde auf den Weg, und Pflanzen können sich nicht ungehemmt ausbreiten. Als Einfassung eignen sich Holzbretter, Palisaden oder Steine.

Die Vorbereitung des Bodens ist das A & O. Vor der Bepflanzung die Beete fein harken!

EIN GEMÜSEBEET ANLEGEN & VORBEREITEN

Je besser der Boden, umso reicher die Ernte. Die gute Vorbereitung des Beetes ist deshalb die beste Grundlage für das gesunde Wachstum der Pflanzen.

DAS BRAUCHEN SIE:

- Zollstock oder Maßband
- Harke
- Hacke
- Grabegabel oder Spaten
- Kultivator

Wenn der Beetplan steht, wird als Erstes die Fläche des zukünftigen Gemüsebeetes ausgesucht, anhand des Planes vermessen und mit einer Schnur gekennzeichnet.

▼

◀ Als Nächstes entfernt man die vorhandene Pflanzendecke und entsorgt sie auf dem Kompost. Die Hacke ist das beste Werkzeug, um aufgelaufene Unkräuter aus dem Beet zu entfernen.

◀ Wenn der Boden zu fest ist oder viele Wurzelunkräuter im Beet stehen, wird er tief mit der Grabegabel gelockert. Dazu tritt man die Gabel bis zum Anschlag in die Erde und bewegt sie im Boden hin und her. So wird der Boden tief gelockert, und starke Wurzeln von Unkräutern lassen sich aus der Erde ziehen. Ein lockerer Boden speichert Luft und ist für gesundes Wurzelwachstum von großer Bedeutung.

Schwerere Böden enthalten Lehm und sind häufig sehr klumpig. Vor der Aussaat oder Pflanzung sollte man sie mit dem Kultivator tief durchziehen und Erdklumpen zerstoßen. Das Planieren des Beetes bringt Vorteile. Der Boden wird noch einmal gelüftet, und keimende Wildkräuter werden gestört. ▶

◀ Kompostgaben verbessern jeden Boden. Dazu bringt man eine etwa 5 cm dicke Kompostschicht auf dem Beet aus, verteilt sie und harkt sie anschließend ein. Kompost fördert das Bodenleben und liefert reichlich Nährstoffe für das Gemüse.

WÄRME & SCHUTZ BRINGEN GEMÜSE IN SCHWUNG

Wintergemüse gedeiht auch in der lichtarmen Jahreszeit, allerdings nur, wenn es nicht zu kalt ist. Mit ein paar einfachen Mitteln hält man Frost ab und den Boden warm.

Fast alle Pflanzen lieben den Sommer mit viel Sonne und reichlich Regen. Sie wachsen dann schnell und bleiben am geeigneten Standort in der Regel auch gesund. Beim Wintergemüseanbau sind diese Voraussetzungen nicht gegeben. Will man trotzdem auch im Herbst und Winter frisches Gemüse ernten, hat man die Wahl zwischen zwei Ansätzen.

- Entweder man wählt Gemüse wie Lauch oder Grünkohl, die im Sommer und Herbst wachsen, jedoch im Winter lange auf dem Beet stehenbleiben können, wo man sie bei Bedarf frisch ernten kann.
- Andere Gemüsearten wie Feldsalat und Spinat wachsen auch im Winter immer nach, sodass man fortlaufend ernten kann.

Alles in allem haben es die meisten Gemüse und Kräuter im Winter nicht ganz leicht. Wir können jedoch verschiedene Maßnahmen ergreifen, um ihnen über die Widrigkeiten der kalten Jahreszeit hinwegzuhelfen.

Vlies schützt das Gemüse vor Frost und extremen Temperaturschwankungen im Herbst.

VLIES UND FOLIE

Heutzutage können wir im Herbst kaum vorhersehen, wie der kommende Winter werden wird. Umso wichtiger ist es, die Gemüsekulturen im Blick zu behalten, um rechtzeitig richtig reagieren zu können. Im Herbst gibt es Stürme, viel Regen, ständig schwankende Temperaturen und manchmal auch leichten Frost. Die meisten Pflanzen vertragen dieses Wechselspiel nicht gut und sind für eine Abdeckung sehr dankbar. Gemüse, die Schutz vor zu viel Regen brauchen, gehören unter eine dauerhafte regenfeste Abdeckung wie Folientunnel oder Gewächshaus (→ Seite 36–41). Pflanzen, denen größere Regenmengen nicht so viel ausmachen, können zwar im Freiland bleiben, sie brauchen aber oft einen Schutz vor wechselnden Temperaturen und starkem Frost. Am einfachsten ist die Abdeckung mit einer Lochfolie oder einem Gartenvlies. Im Fachhandel werden sie meist auf Rollen in unterschiedlicher Breite angeboten. Beide sind licht- und wasserdurchlässig und können bei Bedarf flächig auf das Beet gelegt werden. Sie sollten

Ein Folientunnel aus Lochfolie ist praktisch. Er lässt Sonnenlicht durch und speichert Wärme. Die Löcher sorgen für gute Belüftung.

knapp doppelt so breit sein wie das Beet, sodass man sie locker über den Pflanzen ausbreiten kann. Damit sie bei Wind nicht davonfliegen, gräbt man sie an den Seiten etwas ein und befestigt sie mit Steinen oder etwas Erde am Boden.

- Gartenvlies ist ein haltbares und leichtes textiles Gewebe aus Kunstfasern. Auf dem Beet lässt Vlies Licht, Luft und Wasser an die Pflanzen, schützt sie aber vor starkem Frost. Außerdem hält Vlies die Wärme im Boden und wirkt so ausgleichend bei stark schwankenden Bodentemperaturen. Vlies wird deshalb eingesetzt, um die Erntezeit von Wurzelgemüse im Garten zu verlängern. Der Boden bleibt länger frostfrei, was die Ernte von z. B. Pastinaken sehr stark vereinfacht. Auch Kohlbeete werden gern mit Vlies abgedeckt, um schädliche Temperaturschwankungen zu vermeiden. Außerdem schattiert Vlies die Pflanzen ein wenig, was gerade an sonnigen, aber sehr frostigen Tagen hilfreich ist. Die Blätter verdunsten viel weniger Wasser und vertrocknen in der Folge bei Kahlfrösten nicht so schnell.
- Lange haltbare Folien aus UV-beständigem Polyethylen sind lichtdurchlässig, und weil sie mit Löchern oder Schlitzen versehen sind, dringt auch Luft und Wasser durch. Allerdings ist der Luftaustausch geringer als beim Vlies, sodass Folien die durch Sonneneinstrahlung entstandene Wärme im Boden besser speichern und auch die Feuchtigkeit besser halten. Folien sind deshalb ideal, um den Boden schnell zu erwärmen bzw. ihn warm zu halten.

MISTBEET

Mistbeete sind uns meist aus historischen Gartenbüchern bekannt, als es noch wenig beheizte Gewächshäuser gab. Die Idee ist einfach. Man füllt Frühbeetkästen (→ Seite 32/33) mit organischem Material, das langsam verrottet und dabei Wärme abgibt. Dazu hebt man im Frühbeet eine ca. 90 cm dicke Schicht Erde aus und füllt den Raum zu zwei Dritteln mit Pferdemist, aber auch Laub, Stroh, Grünabfälle, Häckselgut und Kompost eignen sich. Darüber kommt eine etwa 20 cm dicke Schicht Gartenerde, in die gepflanzt wird. Das Beet wird mit Glasfenstern abgedeckt, was zusätzliche Wärme durch Sonnenlicht bringt. Werden die Nächte zu kalt, deckt man die Fenster außerdem mit Strohmatten ab. So kann im Mistbeet über viele Monate frostfrei angebaut werden. Wer sich den Bau eines Frühbeetkastens sparen will, legt das Mistbeet direkt im Garten an und deckt es mit einem mobilen Kasten ab (→ Seite 33).

Vorteil: Im Mistbeet entsteht bei der Verrottung Wärme und es werden Nährstoffe freigesetzt.

FRÜHBEET & MOBILER KASTEN

Das Frühbeet und der mobile Kasten haben eine lange Tradition. Denn unter ihrer Abdeckung aus Glas wächst das Gemüse auch im Winter und wird schneller reif.

Blattgemüse wie Spinat oder Mangold und die verschiedenen Salate stehen – frisch aus dem Garten – als leckere Vitaminlieferanten auch im Winter ganz oben auf dem Speiseplan. Sie sind auch einigermaßen frostfest und überstehen Kälteperioden ganz gut, leiden jedoch unter langem Regen und starken Temperaturwechseln. Die Blätter sind dann ständig feucht, manchmal zu weich und bieten einen guten Nährboden für Pflanzenkrankheiten. Da hilft es nur, die Kulturbedingungen für die Pflanzen zu verbessern. Einen besonders guten Schutz bieten Gewächshäuser. Doch sie sind teuer und brauchen Platz. Eine preisgünstige und platzsparende Alternative sind ihre beiden kleinen Schwestern: das Frühbeet und der mobile Kasten.

Frühbeete schützen das Gemüse im Winter. Zum Lüften müssen die Fenster leicht zu öffnen sein.

FRÜHBEET ODER KALTER KASTEN

Sowohl für Gartenprofis als auch für Selbstversorger waren Frühbeete lange Zeit das wichtigste Produktionsmittel, weil sie vielerlei Funktionen erfüllen: Sie dienten der Jungpflanzenanzucht und Ernteverfrühung ebenso wie dem Winteranbau und der Überwinterung von Gemüse. Man bezeichnete sie auch als »kalter Kasten«, da sie sich anders als Mistbeete ausschließlich durch Sonnenstrahlung aufheizen.
Frühbeete gibt es in unterschiedlichen Bauweisen. Besonders einfach sind sogenannte Erdkästen. Dabei handelt es sich um Erdlöcher, die mit Fenstern abgedeckt werden. Als Auflage für die Fenster reichen einfache Kanthölzer. Erdkästen sind leicht zu bauen, wenn der Boden einigermaßen fest ist; Sandböden eignen sich nicht. Erdkästen legt man wie alle Frühbeete immer in Ost-West-Ausrichtung an, so werden sie den ganzen Tag von der Sonne beschienen. Die Nordseite wird mit einem Erdwall erhöht. Er sorgt dafür, dass die Fenster etwas schräg liegen und die Sonne besser ausgenutzt wird. Auch die Seiten der Kästen werden mit Erdwällen abgedichtet. Durch diese Bauweise sind Erdkästen sehr gut wärmeisoliert. Außerdem kann man sie bei Bedarf an anderen Stellen im Garten relativ rasch neu anlegen.

Glocken erfüllen den gleichen Zweck wie mobile Kästen. Sie werden auf einzelne Pflanzen gesetzt und speichern Wärme. Zusätzlich wird die Luftfeuchtigkeit erhöht. Mit ihrer Hilfe lässt sich die Erntezeit im Herbst erheblich verlängern.

Im Lauf der Zeit wurden die Erdkästen durch stabilere Konstruktionen ersetzt. Es entstanden Frühbeete, die aus Holzplanken, Ziegelsteinen oder Betonfertigteilen gefertigt wurden. Abgedeckt wurden sie ebenfalls mit Fenstern.
Heute gibt es Frühbeete als fertige Bausätze in jedem Gartencenter. Die Konstruktionen bestehen meist aus Aluminiumrahmen, Wände und Deckel sind Doppelstegplatten aus Polycarbonat. Solche modernen Frühbeete sind schön leicht, haben keinen Boden und können im Garten aufgestellt werden, wo immer man sie benötigt. Konstruktionsbedingt sind sie außerdem sehr einfach zu lüften.
Für den Anbau von Wintergemüse macht das Frühbeet viel Sinn.

- Es speichert Wärme und bleibt auch bei Temperaturen von -4 °C noch frostfrei. Wird es noch kälter, helfen Stroh- oder Schilfmatten oder auch mal eine Füllung Mist (→ Seite 31).
- Aus diesem Grund ist das Frühbeet für den Anbau von sehr späten Sätzen von Salat, Spinat oder Radieschen sehr gut geeignet und sorgt dafür, dass diese Kulturen bis weit in den Winter hinein geerntet werden können.
- Überwinterungssätze von Salat oder Kohl treiben im Frühbeet zeitiger aus, da die Spätwintersonne den Kasten gut aufheizen kann. So können diese Kulturen früher geerntet werden als im Freilandanbau.
- Im zeitigen Frühjahr kann man das Frühbeet auch als Saatbeet nutzen. Unter dem Glas ist es warm und es herrscht hohe Luftfeuchtigkeit, sodass Samen besser keimen.

MOBILER KASTEN

Mobile Kästen funktionieren im Prinzip wie ein Frühbeet. Die Abdeckungen sind allerdings kleiner und deshalb eben im Handumdrehen mobil einsetzbar. Im Herbst stülpt man sie beispielsweise über Gemüsepflanzen, die nicht viel Regen vertragen. Außerdem bieten sie einen leichten Schutz gegen Kälte. Ändert sich das Wetter, kann man sie rasch wieder vom Beet entfernen.
Das Prinzip ist alt und stammt aus der viktorianischen Epoche. Damals wurden Glocken oder Closhes aus Glas als Schutz über die Pflanzen gestellt. Heute gibt es solche Glocken wieder, und sie sehen im Garten sehr dekorativ aus. Nachteilig sind jedoch die hohen Anschaffungskosten und ihr Gewicht. Außerdem ist es schwieriger, für eine gute Lüftung zu sorgen. Praktischer und preiswerter sind deshalb moderne, leichte Kunststoffhauben, auch bekannt als Salathütchen. Sie schützen im zeitigen Frühjahr frisch gepflanztes Gemüse und sehen obendrein hübsch aus.

EIN FRÜHBEET BAUEN

Ein Frühbeet lässt sich aus einem Aufsatzrahmen für Paletten ganz einfach selbst bauen und hat viele Vorteile. Es speichert auch im Winter Wärme und bewahrt das Gemüse vor zu starker Nässe.

DAS BRAUCHEN SIE:

- 1–2 Palettenaufsatzrahmen (120 × 80 cm)
- 2 Dachlatten (200 × 4 × 2 cm)
- lichtdurchlässige Gitterfolie (130 × 90 cm)
- 4 Winkel, Schrauben (30 mm), 2 Scharniere
- Säge, Metermaß, Stift, Schraubenzieher, Teppichmesser und Tacker

Für die Abdeckung sägt man zunächst die Dachlatten auf die richtige Länge. Die beiden Latten für die Längsseite müssen 120 cm lang sein, die für die kurzen Seiten messen 72 cm.

▼

◄ Nun verschraubt man die zugesägten Dachlatten mit den 4 Metallwinkeln. Die Schrauben zieht man erst zum Schluss fest an.

◄ Im nächsten Schritt schneidet man die Folie zu, und zwar 10 cm länger und breiter als der Rahmen. Gut geeignet ist Gitterfolie aus dem Gewächshausbau, sie ist lichtdurchlässig und stabil, sodass sie nicht gleich beim ersten Schneedruck im Winter zerreißt. Die Folie wird am Rahmen festgetackert, was übersteht, schneidet man mit dem Teppichmesser ab.

Nun stellt man den Rahmen mit etwas Gefälle nach vorn auf – einfach an einer Seite Steine unterlegen. So kann Regenwasser bei geschlossenem Deckel gut abfließen. Dann noch die fertige Abdeckung auf den Rahmen legen und an der hinteren Seite die beiden Scharniere festschrauben. ►

◄ Zum Schluss wird kontrolliert, ob die Abdeckung gut beweglich ist, denn sie wird häufig genutzt. Arbeitet man im Frühbeet oder will man lüften, klappt man sie einfach auf. Bei zu viel Regen oder Frost wird sie geschlossen. Nicht vergessen: Auch im Winter sollte viel gelüftet werden!

FOLIENTUNNEL & FOLIENGEWÄCHSHAUS

Vlies und Folie sind gut als schnelle Lösung. Folientunnel oder Foliengewächshaus gehen einen Schritt weiter: Sie geben den Pflanzen mehr Raum und sind besser zu belüften.

Wenn für den Wintergemüseanbau Vlies bzw. Folie zu wenig sind, ein Gewächshaus aber zu viel, wählt man den Folientunnel oder das Foliengewächshaus. Beide schützen die Pflanzen, lassen ihnen aber mehr Raum als ein über das Beet gebreitetes Vlies oder eine Folie, und sie sind nicht so aufwendig wie ein Gewächshaus und natürlich kostengünstiger.

DER FOLIENTUNNEL

Wer einen Schutz für sein Wintergemüse benötigt, kann zunächst einmal zum preiswerten Folientunnel greifen.

Der Folientunnel ist einfach auf- und abzubauen und lässt sich mühelos von einem Beet zum anderen tragen.

Folientunnel können ohne viel Aufwand auf- und wieder abgebaut werden. Sie bestehen aus gleich geformten Bögen aus leichtem Metall, die mit UV-beständiger Polyethylenfolie von der Rolle überspannt werden. Weil man einfach so viele Bögen verwendet, wie man braucht, lassen sich auch große Beete überspannen. Die Bögen werden gleichmäßig über das Beet verteilt und in die Erde gesteckt. Dann zieht man die Folie über alle Bögen und fixiert sie mit Steinen, Erde oder Heringen in der Erde (→ Seite 38/39).
Auch Folientunnel können ganz flexibel zu unterschiedlichen Zwecken eingesetzt werden. In der Wintergärtnerei bieten sie Schutz vor Kälte und auch zu viel Nässe. Bei allzu starkem Frost können die Tunnel zusätzlich mit Vlies abgedeckt werden.

FOLIENGEWÄCHSHÄUSER

Foliengewächshäuser bestehen ebenfalls aus Polyethylenfolie und sind leicht zu handhaben. Weil Folien sehr leicht sind, brauchen sie kein schweres Tragegerüst. Die Gewächshausrahmen sind deshalb aus leichtem Metall gefertigt.
Was der Vorteil von Foliengewächshäusern ist – das Speichern von Wärme –, kann aber auch zum Nachteil werden: Wärme und Feuchtigkeit stauen sich, und das schwüle Klima unter der Folie wird zum Nährboden für Krankheitserreger. Deshalb ist es wichtig, beim Kauf darauf zu achten, dass das Foliengewächshaus gut gelüftet werden kann. Entweder verfügt es über

Folie erneuern

Polyethylenfolie hat eine begrenzte Lebensdauer: Nach etwa zwei bis fünf Jahren geht sie kaputt. Die Folie wird trüb, und die Pflanzen bekommen nicht mehr genug Sonnenlicht. Wind und Wetter setzen ihr zu, sodass sie brüchig wird und mit der Zeit stark verschmutzt. Bei einem Tunnel kann man die Folie leicht austauschen, beim Foliengewächshaus sollte man schon beim Kauf darauf achten, dass das ohne großen Aufwand möglich ist.

ausreichend eingebaute Lüftungsklappen oder die Giebelseiten können ganz oder teilweise entfernt werden.
Foliengewächshäuser gibt es in den verschiedensten Größen. Die Palette reicht vom kleinen Tomatenhaus bis zu Modellen, die mehrere Meter lang sind. Solche sehr großen Folienhäuser brauchen feste Fundamente für einen sicheren Stand. Einmal errichtet, bleiben sie am besten an Ort und Stelle.
In modernen Gemüsegärten machen kleinere Foliengewächshäuser, die auch mobil eingesetzt werden können, meist mehr Sinn. Man kann sie wie ein Zelt aufbauen und bei Bedarf auf das richtige Beet stellen. Auch bei solchen kleinen Modellen muss man jedoch darauf achten, dass sie gut zu lüften sind. Im Sommer ist die Lüftung notwendig, damit die Temperatur nicht zu hoch steigt. Im Herbst und Winter hat das Lüften noch eine andere Bedeutung: Es ist unverzichtbar, um die Luftfeuchtigkeit absenken zu können. Denn gerade in der kalten Jahreszeit ist es wichtig, dass die Blätter nach dem Gießen rasch wieder abtrocknen. Ständig nasse Blätter bei niedrigen Temperaturen führen unvermeidlich zu Pflanzenkrankheiten wie Schimmel oder bakterieller Fäule. Besonders in trüben Wintern können diese Krankheiten zum totalen Ausfall der Ernte führen.

Die Tür des Foliengewächshauses sorgt für gute Belüftung (oben). Dank der Lochfolie funktioniert auch im Tunnel der Luftaustausch (unten).

EINEN FOLIENTUNNEL BAUEN

Nicht nur im Wintergemüseanbau hat sich der Folientunnel bewährt. Er ist für jeden erschwinglich und praktisch und hält im Winter Kälte und Regen von den Pflanzen ab.

DAS BRAUCHEN SIE:

- Bügel aus Metall, alternativ Kunststoff
- Folie oder Lochfolie
- Zeltheringe oder Steine

Nachdem der Boden im Gemüsebeet gelockert und fein geharkt wurde, steckt man die Metall- oder Kunststoffbögen so tief in die Erde, dass sie stabil verankert sind.

▼

◀ Dann zieht man Folie vorsichtig über die Bügel. Sie muss groß genug sein, damit sie an den Rändern und an den Tunnelenden auf der Erde aufliegt und mit Steinen oder Zeltheringen fixiert werden kann.

◀ Zum Bepflanzen des Tunnels wird eine Seite wieder geöffnet. Dazu löst man die Folie vorsichtig aus der Fixierung und schiebt sie zur Seite oder schlägt oder rollt sie nach oben um. Dann wird das Gemüse in dem vorgesehenen Abstand gepflanzt.

Im Folientunnel wird es bei Sonne richtig warm und es herrscht hohe Luftfeuchtigkeit. Nasse Blätter sind jedoch ein Magnet für Pilzkrankheiten. Wenn es nicht zu kalt ist, lässt man den Tunnel deshalb offen, bis die Blätter wieder gut abgetrocknet sind. ▶

◀ Sind alle Arbeiten erledigt, schließt man den Tunnel wieder. An den Längsseiten wird die Folie mit Erde beschwert, an den beiden Tunnelenden fixiert man sie wieder mit Zeltheringen oder Steinen.

DEN WINTER AUSSPERREN IM KLEINGEWÄCHSHAUS

Ein richtiges Gewächshaus ist die Krönung für den winterlichen Gemüseanbau. Weil Kälte, Nässe und Wind draußen bleiben, ist das Klima für die Pflanzen ideal.

Wintergemüseanbau de Luxe: Erlaubt es das Budget, ist ein Gewächshaus die erste Wahl.

Gewächshäuser gibt es schon lange, denn sie helfen dem Gärtner seit jeher, die Jahreszeiten zu überlisten. Entsprechend ihrer Nutzung können Gewächshäuser warm, temperiert oder kalt sein und sie können ganz unterschiedlich ausgestattet sein. Für Selbstversorgergärtner reichen in der Regel sogenannte Kalthäuser völlig aus. Sie kommen mit einfachster Einrichtung aus und sind deshalb in der Anschaffung am günstigsten. Ein Kalthaus braucht keine Heizung, sollte aber gut zu lüften sein.

DIE ANSCHAFFUNG

Es gibt ganz unterschiedliche Modelle von Gewächshäusern, die sich in Größe und Preis stark unterscheiden. Grundsätzlich muss man sich zwischen folgenden Materialien entscheiden:

- Viele Gewächshäuser sind mit Doppelstegplatten aus Polycarbonat, Plexiglas oder Acrylglas gedeckt. All diese Materialien haben Vor- und auch Nachteile. Ihr Vorteil: Sie sind schön leicht, was die Konstruktion erleichtert, und sie sind robust. Sie können großflächig eingesetzt werden und wirken isolierend. Ihr Nachteil: Doppelstegplatten erblinden im Lauf der Jahre, sodass irgendwann nicht mehr genug Tageslicht in das Gewächshaus eindringen kann. Beschleunigt wird der Vorgang, wenn mit der Zeit immer mehr Moos zwischen den Stegen wächst. Die Folge ist, dass die Platten von Zeit zu Zeit erneuert werden müssen.
- Am besten sind Gewächshäuser aus Glas. Die Scheiben lassen am meisten Tageslicht durch und erblinden nicht. Sie müssen nur erneuert werden, falls sie einmal zerbrechen. Der Nachteil von Glas ist jedoch sein hohes Gewicht. Das Gewächshaus muss dementsprechend konstruiert werden und ist in der Regel recht kostspielig. Am ehesten infrage kommen deshalb fertige Bausätze, sie sind günstiger als nach Maß gefertigte Häuser.

Klassisch ist ein Gewächshaus aus Holz und Glas. Wichtig sind die passende Raumhöhe und eine gut funktionierende Lüftung.

Egal aus welchem Material das Gewächshaus konstruiert ist: Das A und O ist eine gute Lüftung. Man unterscheidet Giebel-, Seiten- und/oder Dachlüftungen. Wichtig ist, dass die Luft gut verwirbelt wird und überschüssige Wärme und Feuchtigkeit nach außen abgegeben werden können. Beim Aufbau sollten die Giebelseiten in Ostwestrichtung ausgerichtet sein. So gelangt am meisten Sonne und Wärme in das Haus.

DIE NUTZUNG

Das kalte Gewächshaus kann ganzjährig genutzt werden. Im Frühjahr heizt es sich schnell auf und ist der ideale Platz für die Jungpflanzenanzucht. Im Sommer beherbergt es wärmeliebendes Gemüse wie Paprika, Tomaten und Gurken. Besonders spannend ist das Kalthaus jedoch für den Anbau von Wintergemüse. Denn auch wenn es im Winter im Gewächshaus leichten Frost geben kann, geht es den Pflanzen dort sehr gut. Das liegt vor allem daran, dass man die Bodenfeuchtigkeit gut beeinflussen kann, anders als im Freiland, wo gerade in nassen Wintern die Erde oft viel zu feucht ist. Außerdem bleiben im Gewächshaus die Blätter der Pflanzen schön trocken. So wird der Befall mit Krankheiten minimiert. Und wenn es tatsächlich einmal extrem kalt wird, kann man auch im Gewächshaus zu den bewährten Frostschutzmaßnahmen greifen: Man breitet Schutzvliese über die Beete oder stellt sogar Folientunnel auf. Durch die Verdopplung des Kälteschutzes entsteht ein gutes Kleinklima. Nicht zu unterschätzen ist ein Gewächshaus auch als Windschutz. Denn im Freiland haben Gemüsepflanzen bei starkem Frost kombiniert mit Wind und Sonne Stress: Sie verlieren zu viel Feuchtigkeit, die sie wegen des gefrorenen Bodens über die Wurzeln nicht mehr ersetzen können.

Ein Gewächshaus bietet mehr als genug Platz für verschiedene Gemüsekulturen. Ein Weg aus flexiblen Holzbohlen macht das Arbeiten komfortabel.

BODENBEARBEITUNG, MULCHEN & GRÜNDÜNGUNG

Die richtige Pflege des Bodens ist das A und O für die Kultur von Gemüse. Denn nur wenn der Boden gesund ist, liefert er reiche Ernte und bleibt fruchtbar.

Der Gartenboden ist die Grundlage für die erfolgreiche Gemüsekultur. Er speichert Wasser und Nährstoffe und hält sie für die Pflanzen verfügbar. Außerdem muss er gut durchlüftet sein, damit die Pflanzenwurzeln nicht leiden. Die Art der Böden kann jedoch sehr unterschiedlich sein:

- Schwere, fette Böden enthalten viel Ton. Diese Böden sind sehr klebrig und oft verdichtet. Sie neigen zu Staunässe und sind nur für wenige Gemüse gut geeignet.
- Magere Sandböden erwärmen sich schnell und überschüssiges Wasser kann gut abfließen. Das ist für Kräuter und manche Gemüse von Vorteil, allerdings muss man auf solchen Böden häufig wässern und düngen.
- Der beste Boden für den Gemüsegarten ist sandiger Lehm. Er ist locker, die Nährstoffversorgung ist meist ausgeglichen, und die Wasserversorgung ist ideal.

Giersch zeigt nährstoffreiche Böden an. Breitet er sich im Übermaß aus, ist er nur schwer wieder loszuwerden.

BODENPROBE UND ZEIGERPFLANZEN

Für die erste Einschätzung des Bodens reicht eine Handprobe, auch Fingerprobe genannt. Dazu hebt man an verschiedenen Stellen des Gartens etwa 30 cm tief Erde aus und vermischt diesen Aushub. Dann verrührt man die Erde mit ganz wenig Wasser und knetet kleine Klumpen.

- Lässt sich ein stabiler Klumpen mit glänzender Oberfläche formen, handelt es sich um Tonboden. Er kann Nährstoffe und Wasser gut speichern, ist aber meist zu schwer.
- Zerfällt der Boden leicht, ist er sandig und leicht. Solche Böden lassen sich gut bearbeiten, sie können aber Wasser und Nährstoffe nicht gut speichern.
- Lässt sich die Bodenprobe gut formen, ohne zu fest und klebrig zu sein, handelt es sich um Lehmboden. Er ist für den Anbau von Gemüse optimal, da er Wasser und Nährstoffe gut speichern kann, aber nicht zu schwer ist.

Abgesehen von der Bodenprobe geben auch Zeigerpflanzen gute Hinweise auf die Qualität und den Nährstoffgehalt des Bodens. Zeigerpflanzen für nährstoffreiche Böden sind z. B.

Brennnessel, Kerbel, Melde oder auch Giersch. Wilde Möhre und Mauerpfeffer zeugen von nährstoffarmen Böden, und Staunässe wird vor allem durch Acker-Schachtelhalm angezeigt. Breitwegerich und Quecke wachsen auf verdichteten Böden, und Sauerampfer oder Hundskamille deuten auf saure Böden hin.
Ein weiterer wichtiger Faktor für die Qualität des Bodens ist das Bodenleben. Darunter versteht man die Gesamtheit der Bodenlebewesen von Mikroorganismen wie Bakterien und Pilzen über Springschwänze und Hundertfüßer bis hin zu Regenwürmern. Sie wandeln organisches Material in Humus um, der die Pflanzen nährt, und sorgen für eine lockere Struktur des Bodens.
Wer ganz genau wissen möchte, wie es um die Qualität seines Gartenbodens bestellt ist, kann eine Bodenprobe an ein Analyselabor schicken. Er bekommt dann genaue Ergebnisse zu Bodenart sowie zum Nährstoff- und Humusgehalt.

BODENPFLEGE LOHNT SICH

Durch gezielte Maßnahmen kann man die Qualität des Bodens verbessern und seine Fruchtbarkeit erhalten bzw. fördern.
Sehr schwere, tonhaltige Böden müssen regelmäßig umgegraben oder zumindest mit der Grabegabel tief gelockert werden, damit die Luft auch in tiefere Bodenschichten eindringen kann. Bei dieser Gelegenheit kann man auch Sand untergraben, damit der Boden leichter und durchlässiger wird. Meist gräbt man im Herbst grobschollig um. Die Kälte im Winter sorgt dann für die Frostgare: Durch Gefrieren des Bodens bekommt die Erde eine bessere Struktur. Sie wird krümelig, ist im Frühjahr obendrein frei von Wildkräutern und viel leichter zu bearbeiten.
Leichte, sandige Böden müssen nicht oft umgegraben werden, es sei denn, man will Kompost oder Mist einarbeiten. Es reicht völlig aus, solche Böden mit dem Sauzahn zu bearbeiten. Dieser einzinkige Grubber lockert den Boden, gräbt ihn aber nicht um. Man zieht ihn einfach so tief wie möglich kreuz und quer durch die Erde.

EINE BODENPROBE MACHEN

1

Zerfällt der feuchte Erdklumpen nach dem Zusammendrücken mit den Händen, deutet das auf einen hohen Sandanteil in der Erde hin.

2

Bleibt der Erdklumpen in Form, hat die Erde einen hohen Lehm- oder Tonanteil. Der Klumpen bleibt auch beim Trocknen stabil.

Auch nach der Bestellung der Beete hört die Bodenpflege nicht auf. So entfernt man z. B. das ganze Jahr über regelmäßig mit Hacke und Kultivator Wildkräuter. Dies ist auch für Wintergemüse wichtig, denn Wildkräuter konkurrieren auch zu dieser Jahreszeit mit den Pflanzen um Nährstoffe, Wasser und Platz. Beim Hacken wird die obere Schicht des Bodens aufgerissen und die Wurzeln der Wildkräuter werden abgetrennt. Blätter und Sprosse vertrocknen, werden kompostiert oder zum Mulchen verwendet. Nützlicher Nebeneffekt: Durch Hacken werden die

Gründünger wie Phacelia (oben) und Buchweizen (unten) sind eine ideale Zwischenfrucht. Sie verbessern den Boden, die Blüten ernähren Insekten.

Bodenkapillare – röhrenförmige Poren im Boden – unterbrochen, sodass weniger Wasser verdunstet. Hacken erspart also, vor allem nach Regen, häufiges Gießen.

GRÜNDÜNGUNG STATT UMGRABEN

Umgraben ist seit einigen Jahren nicht mehr sehr populär. Vor allem Biogärtner argumentieren, dass durch das Wenden der Erdschollen das Bodenleben stark gestört wird und sich anschließend erst wieder regenerieren muss. Dieser Vorgang schwächt den Boden für einige Zeit.
Als Alternative zum Umgraben empfiehlt sich die Gründüngung. In freie Beete oder Beete, die man erst später benötigt, werden Gründünger als Zwischenfrucht ausgesät. Zu ihnen zählen Pflanzen wie Phacelia, Lupinen, Senf oder Raps (→ Tabelle). Sie wachsen sehr schnell und halten den Boden bedeckt, egal, ob man sie allein oder als Mischung ausbringt. Der Effekt: Mit ihren Wurzeln schließen sie den Boden auf, lockern ihn und verhindern die Verdichtung des Bodens sowie die Erosion. Weil sie wie eine schützende Decke über dem Boden liegen, wird er außerdem vor extremen Temperaturschwankungen und vor Wind geschützt, und sogar Unkraut wird verdrängt. Außerdem werden im Boden vorhandene Nährstoffe gebunden, und der Wasserkreislauf bleibt aktiv. Spätestens wenn das Beet neu bestellt werden soll, entfernt man die Gründüngung. Sie wird kompostiert oder einfach in den Boden eingearbeitet.

SCHÜTZENDE MULCHSCHICHT

Unter Mulchen versteht man das Abdecken des Bodens mit einer dünnen Schicht aus organischem Material. Im Gemüsebeet mulcht man nach dem Auflaufen der Saat oder nach dem Setzen von Jungpflanzen. Als Mulchmaterialien eignen sich Kompost, Grasschnitt, angerottetes Laub oder auch Stroh. Mulchen hat ähnliche Effekte wie die Gründüngung:

- Die Mulchschicht unterdrückt das Auflaufen von unerwünschten Wildkräutern.

Eine Mulchschicht aus Stroh hält Unkraut fern und reguliert Temperatur und Wasserhaushalt des Bodens.

- Unter der Mulchschicht bleibt es feucht, weil das Wasser nicht ungehindert verdunstet.
- Durch die Mulchschicht schwanken die Tag- und Nachttemperaturen im Boden weniger stark. Das ist gerade im Spätherbst von großer Bedeutung: Auch wenn es nachts schon kühler wird, haben die Pflanzen quasi immer noch »warme Füße« und können weiter gedeihen.
- Gemulchter Boden ist vor Sturm und Schlagregen geschützt, es kommt zu weniger Erosion.
- Der letzte und vielleicht entscheidende Vorteil: Die Mulchschicht wird vom Bodenleben nach und nach abgebaut und in Nährstoffe für die Gemüsepflanzen verwandelt. Der Boden wird gar, das heißt, das Bodenleben wird gefördert und die Fruchtbarkeit des Bodens nimmt zu.

Mulchen als Winterschutz

Beim Wintergemüseanbau hat das Mulchen noch eine weitere Funktion: Eine dicke Schutzschicht aus Laub, Stroh oder Heu ist ein wirksamer Winterschutz. Gemüse, die auch im Winter auf dem Beet bleiben, verdunsten Wasser, vor allem bei starker Sonneneinstrahlung und Wind. Wenn der Boden aber tief gefroren ist, können die Wurzeln kein Wasser mehr aufnehmen. In der Folge vertrocknen die Pflanzen. Dieses Phänomen bezeichnet man als Frosttrocknis. Eine Mulchschicht hilft doppelt, wenn man bei Extremfrösten den Boden und auch die Hälfte der Blätter abdeckt. Dazu bringt man Stroh, Heu oder Laub auf das Beet aus und fixiert es mit einem Schutzvlies. So wird das Mulchmaterial bei Wind nicht verweht. Im zeitigen Frühjahr muss die Mulchschicht rasch entfernt werden, sonst dauert es länger, bis die Sonne den Boden wieder erwärmen kann.

VERSCHIEDENE GRÜNDÜNGER UND IHR NUTZEN

GRÜNDÜNGER	EIGENSCHAFTEN
Buchweizen	schnellwüchsig, viel Blattmasse, besonders für leichte Böden geeignet
Lupinen	attraktive Blüten, sammeln Stickstoff aus der Luft und reichern diesen im Boden an
Phacelia	schnellwüchsig, attraktive Blüten, Bienenweide
Ringelblumen	attraktiv, fördern die Humusbildung, die Blüten können geerntet werden
Senf, Raps	schnellwüchsig, Vorsicht: nicht geeignet als Zwischenfrucht von Kreuzblütlern
Tagetes	attraktiv, fördern die Humusbildung, halten den Boden frei von Nematoden

AUSSAAT, VORKULTUR & PFLEGE

Gutes Saatgut und die sorgfältige Anzucht sowie die Pflege während der gesamten Kulturzeit sind auch beim Wintergemüse die Basis für den Erfolg.

Die meisten Gemüsepflanzen lassen sich sehr gut durch Aussaat vermehren. Das Verfahren ist preisgünstig, und man erhält schnell viele Jungpflanzen. Im Vergleich zum Kauf von Setzlingen hat die Aussaat außerdem den Vorteil, dass bei Saatgut eine größere Sortenvielfalt zur Verfügung steht. Ob man gleich ins Freilandbeet sät oder den Pflänzchen durch Vorkultur zu einem besseren Start verhilft, hängt von den Kulturen ab.

- Schnellwachsende Arten wie Blattgemüse oder Salat können einfach direkt ins Freiland gesät werden.
- Wurzelgemüse keimt und wächst eher langsam und kann schlecht umgepflanzt werden. Auch diese Arten sollte man deshalb immer direkt ins Beet säen.
- Eine sehr lange Keim- und Kulturzeit haben beispielsweise Kohl, Sellerie und Lauch. Sie werden in der Regel vorgezogen und später in das Beet gepflanzt – vor allem bei der Herbst- und Winterkultur, wenn die Beete im Sommer noch besetzt sind.

AUF DAS SAATGUT KOMMT ES AN

Beim Kauf des Saatguts lohnt es sich, auf hochwertige Qualität und Frische zu achten. Weil es bei der Saatgutgewinnung auf den richtigen Erntezeitpunkt, den Grad der Trocknung sowie die Reinigung und fachgerechte Lagerung ankommt, hält man sich am besten an bewährte Saatgutlieferanten. Außerdem müssen die Samen in Keimschutztüten verpackt und mit einem Haltbarkeitsdatum versehen sein. Ist diese Frist abgelaufen, sollte man das Saatgut nicht mehr verwenden, denn die Keimfähigkeit nimmt dann schnell ab.

Die Sortenwahl

Gemüse stammt wie jede Kulturpflanze von Wildpflanzen ab. Seit Menschen vor rund 10 000 Jahren sesshaft wurden, bauten sie Nahrungsmittel an. Zuerst nahmen sie Wildpflanzen in Kultur. Die Pflanzen wuchsen auf Äckern und wurden im Sommer und Herbst geerntet. Doch ein kleiner Anteil blieb zur Saatgutgewinnung auf dem Feld stehen. Die ersten Bauern lernten vermutlich rasch, nur die schmackhaftesten und robustesten Pflanzen für die Gewinnung von

Grobes Saatgut steckt man einzeln in Presstöpfe. Später wird mitsamt Topf gepflanzt.

Saatgut gewinnen ist nicht schwer.
Die Samen müssen reif sein und
trocken aufbewahrt werden.

neuem Saatgut auszuwählen. Die Samen wurden geerntet, getrocknet und für den Anbau im nächsten Jahr eingelagert. Dieses einfache Verfahren wurde im Wesentlichen unverändert über Jahrhunderte praktiziert, man nennt es Saatzucht durch Auslese. Dabei passten sich die Pflanzen mehr und mehr so gut an ihre Umgebung an, dass sie auf heimischen Äckern und später auch in den Gärten kräftig und gesund heranwuchsen.
Im 19. Jahrhundert begann durch die Erkenntnisse des Abts Gregor Mendel, dem Begründer der Vererbungslehre, ein neues Kapitel in der Geschichte der Pflanzenzüchtung – die Kreuzungszüchtung. Dabei werden Elternpflanzen mit bestimmten erwünschten Eigenschaften miteinander gekreuzt, um ihre Erbanlagen in den Nachkommen zu vereinigen. Vermehrt man diese Nachkommen weiter, können Sorten mit positiven Eigenschaften entstehen, aber auch solche mit unerwünschten Merkmalen. Es ist viel Züchtungsarbeit notwendig, bis man eine stabile und einheitliche neue Sorte erhält. Deren Saatgut bezeichnet man als sortenecht oder sortenbeständig, d. h., wenn man sie aussät, haben die Jungpflanzen wieder dieselben Eigenschaften wie die Elternpflanzen. Durch Auslese und Kreuzungszüchtung entstand ein unermesslicher Schatz an Regional- oder Landsorten, die heute zum Teil wieder verschwunden sind.
Da die Saatgutgewinnung sehr aufwendig ist, spezialisierten sich mit der Zeit einige Betriebe auf die Pflanzenzüchtung. Das Ergebnis ihrer Arbeit sind die heute weit verbreiteten F1-Hybriden. Sie entstehen, wenn man rein erhaltene Elternpflanzen durch Inzucht vermehrt. Das Ergebnis sind Sorten mit zum Teil sehr guten Eigenschaften. Der Nachteil ist, dass die Nachfolger dieser Hybriden deutlich an Vitalität verlieren und so die Saatgutgewinnung von eigenen Pflanzen unmöglich ist bzw. sich nicht lohnt.
Das F1-Hybridsaatgut setzte sich im Erwerbsanbau schnell durch. Heute dominieren einige große Pflanzenzuchtbetriebe den Markt – auf Kosten der Sortenvielfalt. Aber auch viele

Sortenvielfalt erhalten

Mittlerweile gibt es neben einigen Saatgutbetrieben auch Vereine und private Initiativen, die sich auf den Erhalt und Vertrieb alter Gemüsesorten spezialisiert haben. Für den Hobbygärtner lohnt es sich außerdem, im Internet oder in entsprechenden Gartenmagazinen Ausschau nach Tauschbörsen zu halten. Dort bekommt man nicht nur ungewöhnliche Sorten, sondern kann auch Erfahrungen mit anderen Gärtnern austauschen – z. B. darüber, welche Gemüsesorten sich besonders im Herbst- und Winteranbau bewährt haben. Doch nicht alle dieser oft regionalen Sorten werden sich in jedem Garten bewähren, man braucht also etwas Mut und Lust zum Experimentieren.

Hobbygärtner nutzen Hybridsorten, da sie höhere Erträge liefern oder resistent gegen Krankheiten sind. Es gibt auch schossfeste Sorten und Sorten für den besonders frühen, mittleren oder späten Anbau – ideal für Wintergemüse.
Lange schien es so, als ob alte, regionale Sorten langsam aussterben würden. Doch es gibt eine Gegenbewegung (→ Tipp): Sowohl der professionelle Bioanbau als auch Hobbygärtner entdecken die alten Sorten wieder, die, anders als viele F1-Hybriden, ohne synthetische Dünger und Pflanzenschutzmittel gedeihen und obendrein oft mit intensiverem Geschmack überzeugen.

DAS SAATBEET IM FREILAND

Manche Gemüsearten kann man im Freiland direkt ins Beet säen, anderen tut eine Vorkultur gut (→ Seite 50). Knollen- und Wurzelgemüse beispielsweise werden am besten direkt ins Beet gesät und wachsen an Ort und Stelle. Damit die Aussaat gelingt, ist es wichtig, dass sich die Erde im Frühjahr schon gut erwärmt hat. Da Wintergemüse meist im Sommer gesät wird, ist die Bodentemperatur jedoch meist kein Problem.

- Als Erstes bereitet man das Saatbeet vor. Für den Anbau im Herbst und Winter ist es wichtig, den Boden gut zu lüften, damit keine Staunässe entsteht und die Wurzeln gut einwachsen können. Dazu wird die Erde mit dem Sauzahn tief gelockert. Falls der Boden zu schwer ist, kann man auch umgraben.
- Zur Bodenverbesserung kann man Kompost oder Sand sowie kalibetonten Dünger einarbeiten. Auf die Zugabe von Mist sollte man im Herbst verzichten, sonst gelangen zu viele Nährstoffe in den Boden, die die Pflanzen nicht mehr verwerten können. Zum Schluss wird die Erde fein geharkt und gut planiert.
- Mit einem Stab zieht man nun Rillen, in denen das Saatgut locker verteilt wird. Je größer das Saatkorn, umso tiefer muss die Furche sein. Einzige Ausnahme: Lichtkeimer müssen unbedeckt auf dem Boden liegen (→ Seite 51, Info). Im Idealfall weiß man bei der Aussaat,

AUSSAAT IM FREILAND

1

Zuerst zieht man im Saatbeet Rillen. In diesen wird das Saatgut gleichmäßig verteilt. Dann bedeckt man die Samen mithilfe der Harke hauchdünn mit Erde.

2

Bohnen oder Erbsen werden zu drei bis fünf in Horsten ausgesät. Man steckt das Saatgut tief in die Erde. Die Pflanzschnur sorgt für gerade Reihen.

3

Saatbänder vereinfachen die Aussaat sehr. Sie werden in die vorbereiteten Rillen gelegt und anschließend mit fein geharkter Erde abgedeckt.

Multitopfplatten haben sich für die Voranzucht bewährt. Die Pflanze kann einen kompakten Wurzelballen bilden und wächst später im Beet gut an.

welchen Endabstand die Pflanzen brauchen, und verteilt die Samenkörner entsprechend. So spart man viel Saatgut. Der Fachhandel bietet auch Saatbänder. Dies sind kompostierbare Papierrollen, auf denen das Saatgut bereits im richtigen Abstand fixiert ist.

- Nach der Aussaat harkt man die Rillen zu und durchfeuchtet die Erde.

VORSPRUNG DURCH VORKULTUR

Bei vielen Gemüsearten ist die Vorkultur angebracht, damit man im Frühjahr, wenn es warm wird, gleich pflanzen kann. Beim Wintergemüse macht die Vorkultur Sinn, weil man meist aussäen muss, wenn die Beete noch mit anderen Pflanzen belegt sind.

- Optimal sind helle, nicht zu sonnige Plätze und Temperaturen von 18–21 °C.
- Im Freiland zieht man am besten in einem als Saatbeet genutzten Frühbeet vor. Für die Vorkultur in Gefäßen eignen sich Töpfchen oder Anzuchtschalen. Sie sollten neu oder zumindest gut gereinigt sein, damit sich Bakterien oder Schimmel nicht so leicht breitmachen.
- Multitopfplatten haben sich besonders bewährt. Diese mehrfach verwendbaren Anzuchtplatten gibt es mit verschiedenen Standardmaßen. Für die Jungpflanzenanzucht wählt man Platten mit einem Topfdurchmesser von 5 cm. Sie sind für die Einzelkornsaat gut geeignet. Bei der Einzelkornsaat wird immer nur ein Samenkorn in jeden Topf gelegt, so muss nach der Keimung nicht mehr pikiert werden. Die Einzelkornsaat hat sich bei der Aussaat von großkörnigem Saatgut und von schnellwachsenden Kulturen sehr bewährt. Ein weiterer Vorteil der Multitopfplatten ist, dass die einzelnen Pflanzen während des Wachstums stabile Wurzelballen bilden können, die später beim Auspflanzen nicht mehr auseinandergerissen werden müssen. So kann das Gemüse im Beet schneller weiterwachsen.
- Als Substrat wählt man für die Kultur im Topf Aussaaterde. Sie hat einen hohen Humusanteil, ist steril und enthält nur wenige Nährstoffe. Zu viele Nährstoffe würden die Keimwurzeln verbrennen. Im Saatbeet hat sich lockere, ungedüngte, feingeharkte Gartenerde bewährt.
- Zur Aussaat füllt man die Töpfe oder Schalen mit Erde, drückt sie leicht an und durchfeuchtet sie mit einer feinen Brause. Ist die Erde etwas abgetrocknet, streut man das Saatgut sparsam aus und verteilt es gleichmäßig.
- Zum Schluss wird noch einmal vorsichtig gegossen – und dann heißt es warten, bis die ersten Keimblätter zu sehen sind.

Mit Licht oder im Dunkeln?

Beim Saatgut unterscheidet man zwischen Licht- und Dunkelkeimern. Lichtkeimer benötigen Tageslicht zum Keimen. Sie werden einfach oben auf die Erde gesät und dürfen auf keinen Fall abgedeckt werden. Dunkelkeimer wollen es dunkel, deshalb deckt man die Aussaat dünn mit fein gesiebter Erde ab. Die Erdschicht darf aber nicht stärker sein als das darunter liegende Saatkorn. Bei sehr feinem Saatgut reicht eine Abdeckung aus Papier.

SO WIRD PIKIERT

Wenn es den Keimlingen im Saatbeet zu eng wird und sie kaum noch Nahrung haben, entfernt man entweder überzählige Exemplare oder man pikiert sie in frische Erde. Dabei geht man sehr vorsichtig vor. Man darf weder zu früh noch zu spät pikieren, und die Pflänzchen dürfen nicht verletzt werden. Zum Pikieren benötigt man Schalen, Aussaaterde und einen Pikierstab.

- Die Gefäße füllt man zunächst mit Erde, drückt sie leicht an und durchfeuchtet sie gut.
- Anschließend drückt man mit dem Pikierstab Löcher in die Erde, sie geben den Pflanzenabstand vor. Bei Multitopfplatten reicht je ein Loch in jeder Topfmitte.
- Dann hebt man die Jungpflanzen mit dem Pikierholz vorsichtig aus dem Saatbeet, ohne die Wurzeln oder den Spross abzuknicken. Sind die Wurzel zu lang, knipst man sie mit den Fingernägeln ab. Das schadet der Pflanze nicht, sondern die Wurzeln werden zum Wachstum angeregt und verzweigen sich gut.
- Nun schiebt man die Wurzeln in das Pflanzloch und drückt sie vorsichtig mit Erde an, ohne sie zu quetschen. Sitzen die Wurzeln gut fest, streicht man die Erdoberfläche glatt.
- Zum Schluss gießt man die Pflanzen mit einer feinen Brause an und stellt sie an einen warmen, geschützten Platz.

Pikieren mit Gefühl. Die Jungpflanzen dürfen beim Umpflanzen auf keinen Fall geknickt werden.

AUSPFLANZEN & ABHÄRTEN

Wenn die Jungpflanzen groß genug sind, geht es ab ins Beet! Je robuster der Nachwuchs ist, umso besser kommt er mit den Bedingungen im Herbst und Winter zurecht.

Viele Gemüsesaaten werden, egal ob sie vorgezogen oder direkt ausgesät wurden, noch einmal verpflanzt. Bei Direktsaaten genügt es, die Reihen auszulichten, damit die verbliebenen Pflanzen beim Heranwachsen genügend Platz haben. Die überschüssigen Pflänzchen gibt man auf den Kompost. Bei manchen Jungpflanzen kann man die Blättchen aber auch als Salatbeigabe in der Küche verwenden, z. B. bei Roter Bete oder bei Kohl. Will man den Nachwuchs an anderer Stelle wieder einpflanzen, muss man die Setzlinge so vorsichtig aus der Erde holen, dass die Wurzeln nicht abreißen oder abknicken. Für die Pflanzung kommen nur gesunde, abgehärtete Exemplare infrage. Nur bei ihnen ist gewährleistet, dass sie gut anwachsen.

Jungpflanzen aus dem Gewächshaus brauchen in den ersten Tagen Schutz vor direkter Sonne.

PFLANZBEET VORBEREITEN UND AUSPFLANZEN

Damit das Auspflanzen gelingt, muss das Pflanzbeet gut vorbereitet sein. War es mit einer Mulchschicht abgedeckt, wird diese zumindest an den vorgesehenen Pflanzstellen entfernt.

- Wichtig ist, dass die Erde im Beet schön locker ist. Deshalb geht man mit der Grabegabel oder dem Sauzahn tief durch den Boden. Wenn nötig, kann man dabei reifen, fein gesiebten Kompost einarbeiten. Vor allem bei sandigen, nährstoffarmen Böden ist dies zu empfehlen. Sehr schwere Böden vermischt man dagegen mit Sand. Starkzehrer wie Kohl bilden im Herbst noch Zuwachs und benötigen deshalb noch einmal Nährstoffe. In diesem Fall kann man jetzt noch ein wenig Dünger ausbringen.
- Zum Schluss ebnet man die Fläche mit dem Rechen ein. So entsteht eine schön krümelige, glatte Oberfläche.
- Mithilfe von Pflöcken markiert man nun die Pflanzreihen. Anschließend bohrt man mit der Pflanzschaufel oder dem Pflanzholz Löcher in den Boden. Diese sollten wenigstens doppelt so groß sein wie die Wurzelballen der Jungpflanzen. Dabei sind natürlich die empfohlenen Pflanzabstände für jede Gemüseart sorgfältig einzuhalten.

Die jungen Kohlpflänzchen wachsen im Frühbeet geschützt auf und werden durch häufiges Lüften robust.

- Die Jungpflanzen werden nun behutsam aus den Töpfen, Schalen oder dem Anzuchtbeet gehoben und in der nötigen Tiefe in die Pflanzlöcher gesetzt. Lauch oder Kohl müssen z. B. sehr tief gepflanzt werden, Salat, Sellerie oder Zwiebeln dagegen eher hoch.
- Zu guter Letzt wird die Erde leicht angedrückt und das Pflanzloch so hoch mit Erde gefüllt, dass ein kleiner Gießrand rund um jedes Pflänzchen entsteht. Die Beete werden noch einmal gründlich gewässert und, sobald sie wieder etwas abgetrocknet sind, noch einmal eben geharkt.

ROBUSTE JUNGPFLANZEN FÜR DEN WINTER

Beim Anbau von Wintergemüse ist es wichtig, dass die Pflanzen ausreichend robust sind. Nur so können sie Nässeperioden und tiefe Temperaturen gesund überstehen. Besonders kritisch für die Pflanzengesundheit sind starke Temperaturschwankungen. Es ist daher vor allem wichtig, starke und kältetolerante Arten und Sorten für den Wintergemüsebau auszuwählen.
Von besonderer Bedeutung sind auch die Entwicklungsstufen der Pflanzen. Im Jungstadium ist die Frostfestigkeit vieler Pflanzen am größten. Diesen Umstand macht man sich für die Überwinterungskulturen zunutze. Überwinterungskulturen sind die im Herbst zuletzt ausgesäten Sätze von zum Beispiel Salat, Kohlrabi oder auch Winterzwiebeln. Sie haben vor dem Winter nicht mehr genügend Zeit, um auszureifen, und überwintern im Jungstadium. Der Vorteil ist, dass sie am Ende des Winters einen riesigen Vorsprung gegenüber den im Spätwinter oder Frühjahr gesäten Gemüsepflanzen haben und rasch geerntet werden können. So lassen sich Versorgungslücken bei der Ernte von frischem Gemüse im zeitigen Frühjahr schließen.
Insgesamt gilt für im Herbst gepflanztes Gemüse jedoch, dass sich die Pflanzen überraschend gut an die kühler werdende Umgebung anpassen. Erst wenn dieser Anpassungsvorgang durch steigende und plötzlich wieder fallende Temperaturen häufig unterbrochen wird, können sie Schaden nehmen und brauchen Schutz, z. B. durch ein Vlies, das vor Kälte schützt und bei Bedarf über das Beet gelegt wird (→ Seite 30/31).
Ein letzter wichtiger Punkt sind die Nährstoffvorräte im Boden. Stickstoff regt das Pflanzenwachstum an und ist im Herbst im Boden eher schädlich. Kali und einige Spurenelemente hingegen stärken die Pflanzenzellen und machen das Gemüse robust.

Vor dem Auspflanzen sollte man die Jungpflanzen einige Tage im Freiland abhärten.

PFLEGEN, GIESSEN & DÜNGEN

Wer reichlich ernten will, muss von Anfang an für gute Pflege im Gemüsebeet sorgen. Richtiges Gießen und Düngen sind für die ganze Kulturzeit oberstes Gebot.

Sowohl Sämlinge als auch Jungpflanzen müssen regelmäßig umsorgt werden, damit sie gedeihen. Dabei gibt es bei der Kultur von Wintergemüse einige Besonderheiten.

SAAT- UND PFLANZBEET PFLEGEN

Sobald ein Samenkorn im Boden ist, beginnt es zu quellen. Dabei werden Stoffwechselvorgänge in Gang gesetzt, die nicht durch Trockenheit unterbrochen werden dürfen. Der Sämling stirbt sonst ab. Deshalb müssen Saatbeete immer gut feucht gehalten werden, sonst kann die Saat nicht gleichmäßig auflaufen (→ Seite 50). Erst wenn die ersten Keimblättchen zu sehen sind, darf das Beet auch einmal trockenfallen. Allerdings darf sowohl das Saat- als auch das Pflanzbeet auch nicht zu feucht sein, sonst nehmen die Pflanzen Schaden. Die jungen Wurzeln brauchen für ihre gesunde Entwicklung zwar genügend Wasser im Boden, aber auch Luft. Ist die Erde ständig zu nass, ist nicht genügend Luft im Boden und die Wurzeln fangen an zu faulen.

Gemüsejungpflanzen brauchen intensive Pflege. Ohne Wässern und Unkrautjäten geht es nicht.

Sonnenschutz für Wintergemüse

Viele der Wintergemüsearten werden im Sommer gesät. Anders als bei der Kultur im Frühjahr gibt es zu dieser Zeit kein Problem mit zu niedrigen Temperaturen, sondern die Saat und die Keimlinge leiden eher an zu großer Hitze. Junge Sämlinge haben regelrechten Hitzestress und wachsen deshalb langsam oder unregelmäßig. Abhilfe schafft hier die Schattierung des Saatbeets. Ideal ist eine sogenannte Schattiermatte, die etwa 60 % der Sonneneinstrahlung filtert. Solche Matten werden auch zur Abdeckung von Gewächshäusern verwendet. Alternativ kann man auch Jute verwenden, sie ist aber nicht so lange haltbar. Unabhängig vom Material darf man die Matten nie direkt auf die Sämlinge legen, sie werden sonst im Wachstum behindert. Vielmehr steckt man, wie beim Bau eines Folientunnels, Metallbögen als Abstandhalter in den Boden, über die man die Matten zieht.
Auch im Sommer frisch bepflanzten Gemüsebeeten tut bei großer Hitze eine Schattierung oft

Möhrensamen sind sehr fein und werden so gut wie immer viel zu dicht gesät. Sobald die Keimlinge auflaufen, werden sie deshalb ausgedünnt.

gut. Die Erde trocknet dann nicht so schnell aus, und die Pflänzchen wachsen schneller an. Sobald die Pflanzen gut angewachsen sind, muss die Schattierung jedoch wieder entfernt werden.

Verziehen: Sämlinge ausdünnen

Sobald die Saat aufgeht, stellt man oft fest, dass die Keimlinge viel zu dicht stehen. Bei größerem Saatgut, z. B. von Bohnen, Radieschen oder Rettich, ist die Sache einfach. Man kann die Körner auf den gewünschten Endabstand legen. In der Regel ist Saatgut aber sehr fein, und man neigt dazu, zu viele Körner in die Saatrille zu streuen. Erst beim Auflaufen der Saat sehen wir, dass zu viele Jungpflanzen keimen. Sie konkurrieren um Nährstoffe, Wasser und Licht und haben nicht genügend Platz zum Ausreifen. In diesem Fall muss man überschüssige Sämlinge entfernen, in der Gärtnersprache nennt man dies »verziehen«. Es werden immer so viele Sämlinge aus der Reihe gezogen, dass die verbleibenden Pflanzen genügend Platz bis zur Reife haben. Eine Zeitlang muss man das Verziehen wiederholen, denn nicht alle Sämlinge wachsen im gleichen Tempo. Wenn man dabei sehr vorsichtig vorgeht, bleiben die Sämlinge unverletzt, und man kann sie, sofern man genug Platz hat, an anderer Stelle wieder einpflanzen.

RICHTIG GIESSEN

Ohne Wasser geht es nicht: Wasser transportiert Nährstoffe, ist am Stoffwechsel beteiligt, kühlt die Pflanzen durch Verdunstung und sorgt dafür, dass sie ihre Gestalt behalten. Reißt die Wasserversorgung ab, welken die Pflanzen, die Blätter hängen und schließlich sterben die Pflanzen. Weil aber nicht immer ein gleichmäßiger Landregen das Gemüse zur rechten Zeit mit Wasser versorgt, muss jeder Gärtner rechtzeitig wässern. Bei Wintergemüse ist die regelmäßige Wasserversorgung besonders wichtig – schließlich wird es meist im Sommer gesät oder gepflanzt, wenn die Temperaturen hoch sind und Wasser manchmal knapp ist.

Sehr oft wird im Hausgarten Leitungswasser verwendet. Die Vorteile liegen auf der Hand. Es ist bei uns fast unbegrenzt verfügbar und von großer Reinheit. Ein Nachteil sind jedoch die hohen Wasserkosten, außerdem ist Leitungswasser in manchen Regionen sehr kalkhaltig, was nicht allen Pflanzen gut bekommt.

Wenn man die Möglichkeit hat, ist es deshalb kostengünstiger und besser, Regenwasser zu sammeln. Es ist weich, enthält also keinen Kalk, und ist immer gut temperiert. Zum Sammeln wird das von den Dächern abfließende Wasser über Fallrohre in Regentonnen, Tanks oder auch

Beim Gießen ist es wichtig, dass die Erde gut durchfeuchtet wird und die Blätter möglichst trocken bleiben.

Zisternen geleitet. Damit keine Algen in den Behältern wachsen, deckt man sie sorgfältig ab. Besitzt man einen großen Garten, kann es sich sogar rechnen, einen Brunnen zu bohren und Gießwasser selbst zu pumpen. Vor dem regelmäßigen Einsatz von Brunnenwasser sollte man es jedoch auf seinen Gehalt an Mineral- und auch Schadstoffen überprüfen lassen.

Nicht zu viel und nicht zu wenig

Beim Gießen kommt es auf das richtige Maß an. Am besten ist es, den Boden gut zu durchnässen und anschließend wieder trockenfallen zu lassen. So können die Wurzeln mit ausreichend Wasser und Luft versorgt werden. Ebenso wie zu wenig kann auch zu viel Gießen nachteilig sein: Die Pflanzen gewöhnen sich sehr schnell daran, dass immer Wasser zur Verfügung steht. Sie bilden dann keine ausreichend langen Wurzeln aus und sind anfälliger für Trockenperioden.

Auch der richtige Zeitpunkt ist beim Gießen wichtig. Am besten wässert man in den frühen Morgenstunden und an sehr heißen Tagen zusätzlich auch am frühen Abend. Es sollte aber immer noch genug Zeit sein, dass die Blätter wieder abtrocknen, sonst steigt das Risiko von Pilzinfektionen.
Für Saatbeete und für den Balkon reicht zum Gießen eine Gießkanne, im Gemüsegarten sind Schläuche mit Brausen oder Regner angesagt. Wer einen sehr großen Garten hat oder öfter mal verreist, sollte sich überlegen, ob die Installation eines automatischen Bewässerungssystems nicht sinnvoll ist.

RICHTIG DÜNGEN

Neben Wasser, Wärme und Licht brauchen Pflanzen zum gesunden Wachsen auch reichlich Nährstoffe. Auf Beeten mit Wintergemüse standen in der Regel im Frühjahr und Sommer schon Vorfrüchte. Deshalb ist es nicht ganz leicht einzuschätzen, welche und wie viele Nährstoffe zur Saat- und Pflanzzeit der Winterkulturen im Boden noch vorhanden sind. Wer ganz sicher gehen will, kann zu dieser Zeit eine Bodenprobe machen lassen. Mit dem Ergebnis liefern die entsprechenden Labors auch eine Düngeempfehlung (→ Seite 168).
Wintergemüse wächst langsam, wird häufig nicht so groß und braucht entsprechend weniger Nährstoffe. Oft reichen Kompostgaben beim Vorbereiten der Beete deshalb schon aus. Allerdings hängt auch beim Wintergemüse der Nährstoffbedarf davon ab, ob Stark-, Mittel- oder Schwachzehrer auf dem Beet stehen. Bei der Kultur von Starkzehrern wie Kohl kann es durchaus nötig sein, dass auch im Herbst noch einmal gedüngt wird.

Organische oder mineralische Dünger?

Welche Dünger man im Gemüsegarten einsetzt, ist Ansichtssache. Manche Hobbygärtner schwören auf mineralische Dünger, Biogärtner setzen auf organische Dünger.

Mineralische Dünger werden meist synthetisch hergestellt und enthalten Haupt- und Nebennährstoffe in ausgewogener Form. Sie sind als Einnährstoffdünger, Volldünger oder Langzeitdünger im Handel, wirken sehr schnell und können bei Bedarf sehr gezielt eingesetzt werden. Allerdings haben diese Düngemittel hemmende Wirkung auf das Bodenleben.
Organische Dünger sind pflanzlichen oder tierischen Ursprungs und gelten als nachhaltig. Ihre Nährstoffe werden nach und nach im Boden zersetzt und stehen den Pflanzen über einen langen Zeitraum zur Verfügung. Der Vorteil liegt klar auf der Hand: Die Nährstoffe bleiben im Boden und werden nicht so leicht ausgewaschen. Die Palette der organischen Dünger ist vielfältig.

- Kompost steht im biologisch orientierten Gemüsegarten ganz oben auf der Liste. Sein Nährwert hängt von der Zusammensetzung und vom Reifegrad des Komposthaufens ab. Gemüsebeete sind stets gut versorgt, wenn sie in jedem Jahr frischen Kompost bekommen.
- Wer die Möglichkeit hat, kann Pferde- und Rindermist verwenden. Auch sie enthalten alle notwendigen Nährstoffe in einem ausgewogenen Verhältnis. Frischer Mist ist für Wintergemüse allerdings zu hoch dosiert, er sollte wenigstens sechs Monate gelagert werden.
- Hornspäne enthalten viel Stickstoff und geben diesen sehr langsam ab. Für die Versorgung von Starkzehrern können sie zu Beginn des Sommers noch einmal ausgebracht werden.
- Holzasche ist für den Garten ein echter Geheimtipp. Sie enthält alle nötigen Nährstoffe. Allerdings ist nur die Asche von unbehandeltem Holz geeignet.
- Eines der vielseitigsten Düngemittel sind Pflanzenjauchen. Brennnesseln enthalten viel Stickstoff, Beinwell außerdem Kali. Acker-Schachtelhalm enthält Kieselsäure, die stärkend auf alle Pflanzen wirkt. Die Pflanzen werden im Wasser vergoren, und die fertige Jauche wird mit Wasser verdünnt auf dem Beet ausgebracht (→ Seite 61).

PFLEGE

1

Eine Mulchschicht reguliert den Wasserhaushalt im Boden und hemmt Unkräuter. Der Boden bleibt locker, und die Bodentemperaturen schwanken weniger.

2

Pflanzenhygiene ist in der dunkleren Jahreszeit ein großes Thema. Welkende Blätter ziehen Pilzkrankheiten an und müssen regelmäßig entfernt werden.

PFLANZENHYGIENE

Eine Maßnahme, die man auf keinen Fall vergessen darf, ist das Ausputzen von welken Blättern. Gerade im Herbst und Winter, wenn der Boden besonders feucht ist, können absterbende Blätter leicht schimmeln und faulen. Entfernt man sie regelmäßig, bleiben die Pflanzen lange gesund. Sollten doch einmal Krankheiten auftreten, müssen die befallenen Pflanzen sofort aus den Beeten genommen werden, sonst stecken sie die gesunden an. Kranke Pflanzen entsorgt man besser im Müll und nicht auf dem Kompost.

WINTERGEMÜSE FRISCH VOM BALKON

Das Urban-Gardening-Fieber greift um sich: Jeder Fleck wird nach Möglichkeit bepflanzt. Wer keinen Garten hat, kann Wintergemüse auch auf dem Balkon kultivieren.

Rucola ist ideal für die Balkonkultur. Er wächst schnell und kommt mit wenig Erde gut zurecht.

Graue Straßenschluchten und lange Winter machen das Leben in der Großstadt manchmal recht ungemütlich. Aus diesem Grund lieben gerade Stadtbewohner ihren Kleingarten oder ihren Balkon. In den letzten Jahren entwickelte sich dann noch eine ganz andere Gartenbewegung, das Urban Gardening. Viele Menschen schließen sich in Gemeinschaftsgärten zusammen und bauen dort Lebensmittel an. Inspiriert von diesem Erfolg werden Nutzpflanzen mittlerweile auch auf Balkon und Terrasse kultiviert. Der Platz dort ist meist sehr begrenzt, doch es macht trotzdem Spaß, von Spätsommer bis Herbst immer wieder neues Gemüse pflanzen und ernten zu können.

AUCH AUF DEM BALKON KOMMT ES AUF DEN RICHTIGEN STANDORT AN

Balkone und Terrassen sind meist nicht sehr groß und haben ganz unterschiedliche Lagen. Bevor man dort Gemüse anbaut, sollte man deshalb – genau wie im Garten – die vorherrschenden Bedingungen prüfen. Schließlich haben alle Pflanzen ganz eigene Ansprüche an Temperatur, Licht, Wasser, Erde und Nährstoffe. Um die richtige Erde und das Wässern können wir uns gut kümmern, anders ist es mit dem Licht. Der Balkongärtner ist deshalb gut beraten, nur Pflanzen auszuwählen, die mit den vorhandenen Lichtverhältnissen gut zurechtkommen. Liegt der Balkon Richtung Süden, kann fast jede Gemüseart gepflanzt werden, liegt er Richtung Norden, wird es eher schwer. West- und Ostseiten haben zumindest einen halben Tag Sonne und können für Gemüsearten genutzt werden, die auch im Halbschatten gut wachsen. Wichtig: Unabhängig von der Himmelsrichtung sollte man, bevor man etwas pflanzt, kontrollieren, ob die Sonne im Spätherbst und Winter überhaupt über die Nachbarhäuser oder Bäume steigt und Balkone und Terrassen ausreichend besonnt.

Auf einem großen Balkon hat auch ein Hochbeet Platz. Es kann zahlreiche Gemüsepflanzen beherbergen.

GEFÄSSE UND SUBSTRATE

Auch wenn es in den Städten im Winter etwas wärmer ist als auf dem Land, können Wind und Frost dem Balkongarten stark zusetzen. Abhilfe kann man schaffen, indem man für soviel Schutz wie möglich sorgt. Das fängt mit der geschickten Platzierung der Pflanzgefäße an: In der Nähe von Hauswänden ist es besonders warm, und ein geeigneter Windschutz hält zudem Kälte ab.
Auch die Größe der Pflanzgefäße spielt eine Rolle: Je größer sie sind, desto besser. In großen Pflanzkästen friert die Erde nicht so schnell durch, und die Wurzeln der Pflanzen sind geschützt. Als Material eignen sich am besten Holzkisten, denn Holz isoliert recht gut und hält die Erde warm. Zusätzlich schützt eine Dränage vor Staunässe, die gerade im Winter zu Problemen führen kann.
Natürlich kommt es auch auf den Inhalt der Pflanzgefäße an. Das Substrat muss Wasser und Luft speichern und die Pflanzen gleichmäßig mit Nährstoffen versorgen. Für den Anbau von Wintergemüse empfiehlt sich eine Mischung aus Gartenerde und Kompost. Letzterer verrottet auch im Winter und gibt ein wenig Wärme ab.

DAS RICHTIGE GEMÜSE

Nicht alle Wintergemüse wachsen gut in begrenzten Gefäßen. Für Balkon und Terrasse sind am besten schnellwachsende Arten geeignet, die nicht zu viel Platz benötigen. Salate und Endivien wachsen gut, aber auch Blattgemüse wie Mangold oder Spinat liefern ausreichende Ernten. Kohl und Wurzelgemüse sind ebenfalls gut geeignet, wurzeln aber tief und benötigen entsprechend große Pflanzgefäße. Auch Zwiebelgewächse wachsen gut auf dem Balkon. Gepflegt werden alle Kulturen wie im Garten, und auch auf dem Balkon sollte man immer einen geeigneten Winterschutz wie z. B. ein Vlies bereithalten.

Auf Terrassen gibt es genügend Platz für große Gefäße mit viel Erde. Hier können auch Starkzehrer wie Kohl wachsen.

WILDKRÄUTER IM ZAUM HALTEN

Egal ob Gemüse oder ungebetenes Wild(un)kraut: Im Beet konkurrieren alle Pflanzen um Wasser, Nährstoffe und Licht. Deshalb ist regelmäßige Pflege angesagt.

Die Natur kennt kein Unkraut, so viel ist klar. Dem Gärtner ist jedoch nicht jedes Kraut willkommen, das sich in seinem Garten breitmacht und dem Gemüse Nährstoffe, Wasser und Licht entzieht. Wenn wir von Unkraut reden, dann meinen wir Wildkräuter, die wir im Garten nicht haben möchten und die sich dort von ganz allein verbreiten. Bevor man jedoch alle Wildkräuter vollständig aus dem Garten entfernt, sollte man darüber nachdenken, was sie uns zeigen können oder auch Gutes tun. Denn es gibt ganz unterschiedliche Wildkräuter, und wir können vieles von ihnen lernen.

Wildkräuter können Gemüsekulturen schwächen. Nehmen sie überhand, entfernt man sie.

UNKRAUT ALS ZEIGERPFLANZEN

Wildkräuter sind oft nicht nur sehr schöne Pflanzen, sie haben auch vielerlei Nutzen. So sind sie z. B. häufig eine wichtige Nahrungsquelle für nützliche Insekten wie Schwebfliegen oder Wespen, die auch Schädlinge in unserem Garten bekämpfen. Schon aus diesem Grund sollte man Wildkräuter nicht vollständig aus dem Garten verbannen.

Außerdem verrät uns jedes Wildkraut Interessantes über den Zustand des Bodens. Eine möglichst vielfältige Population von Wildkräutern ist beispielsweise ein Zeichen für einen gesunden Boden. Und einzelne Wildkräuter sind häufig sogenannte Zeigerpflanzen, die angeben, wie der Boden, auf dem sie auftauchen, beschaffen ist.

- Hahnenfußgewächse, Quecke, Schachtelhalm, Sauerampfer und Breitwegerich signalisieren schwere, undurchlässige Böden, die bei viel Regen zu Staunässe neigen. Solche Böden sollte man unbedingt mit Kompost und eventuell Sand verbessern.
- Sauerampfer und Wegerich deuten zusätzlich auf einen sauren Untergrund hin, das heißt, die Beete sollten vor der Bestellung etwas gekalkt werden.
- Vogelmiere hingegen ist ein Zeiger für lockere und humusreiche Gartenerde mit neutralem pH-Wert. Diese Böden sind sehr gut für den Gemüseanbau geeignet.
- Brennnessel, Kerbel, Melde oder Giersch deuten auf einen sehr nährstoffreichen Boden hin.

Pflanzenjauche muss etwa zwei Wochen gären. Während des Gärungsprozesses lösen sich Pflanzenteile und der Sud wird trübe. Vor dem Ausbringen filtriert man die Jauche durch ein feines Küchensieb. So kann beim Gießen die Brause nicht verstopfen.

Dieser darf im Spätsommer vor dem Anbau von Wintergemüse auf keinen Fall noch mit Stickstoff gedüngt werden. Auch Ackersenf, Schwarzer Nachtschatten und Kletten-Labkraut sind Stickstoffanzeiger. Wilde Möhre und Mauerpfeffer zeugen hingeben von nährstoffarmen Böden.

- Klatschmohn und Ackersenf fühlen sich auf kalkhaltigen Böden sehr wohl.
- Löwenzahn oder Gänsedistel z. B. zählen zu den sogenannten Pionierpflanzen. Sie lockern mit ihren tief reichenden Wurzeln verhärtete Erde auf und holen Nährstoffe auch aus tieferen Erdschichten.

WILDKRÄUTER ALS NÄHRSTOFFLIEFERANTEN

Viele Wildkräuter sind wertvolle Nährstoffspeicher, und das kann man nutzen, indem man sie in einer Ecke des Gartens wachsen lässt und später kompostiert oder zu Pflanzenjauche verarbeitet. In dieser Form geben sie die Nährstoffe wieder frei. Pflanzenjauchen sind aber nicht nur perfekte Flüssigdünger, sondern auch wirksame biologische Pflanzenschutzmittel.

- Die Brennnessel ist aus dem biologischen Gartenbau nicht wegzudenken. Sie enthält viel Stickstoff und wird zum Herstellen von Jauche verwendet. Brennnesseljauche fördert das Wachstum aller Pflanzen und ist ein wirksames Spritzmittel gegen Läuse und Spinnmilben. Man kann die Pflanzen aber auch kompostieren und zum Mulchen verwenden.
- Acker-Schachtelhalmjauche enthält viel Kieselsäure, stärkt alle Pflanzen und wirkt auch gegen Pilzerkrankungen.
- Beinwelljauche enthält Stickstoff und Kali und wirkt ebenfalls stärkend für die Pflanzen. Weniger bekannt ist, dass auch Vogelmiere Stickstoff, Kali und viele Spurenelemente enthält und Gänsefußjauche die Pflanzen mit Kalzium, Phosphor, Kali sowie verschiedenen Spurenelementen versorgt.
- Rainfarnjauche hilft gegen Milben und Pilzkrankheiten.
- Wermutjauche setzt man gegen Ameisen und gefräßige Raupen ein.

ESSBARE WILDKRÄUTER

Unsere Vorfahren kannten sich in der Natur bestens aus, und jede Wildpflanze wurde auf ihre Verwendbarkeit überprüft. Viele wurden gesammelt und gegessen oder als Heilkraut verwendet. Einige wurden in Kultur genommen und bereichern heute unseren Speiseplan. Beispiele sind Liebstöckel und Brunnenkresse.

Bärlauch wächst gern im Halbschatten von Gehölzen und zählt zu den beliebtesten essbaren Wildkräutern.

Doch längst nicht alle essbaren Kräuter haben als Kulturpflanzen Karriere gemacht. Manche von ihnen sind im Garten unerwünscht, aber man findet sie im Wald oder am Feldrand und kann sie dort sammeln. Zu ihnen zählen in der Küche beliebte Wildkräuter wie Bärlauch, Brennnessel, Gänseblümchen, Giersch, Günsel, Gundermann, Guter Heinrich, Knoblauchsrauke, Süßdolde und Waldmeister. Ihre Blätter, Triebe, Blüten und Wurzeln werden als Tee, Gemüse oder Salat zubereitet oder dienen als Gewürz.

DER LEBENSRHYTHMUS DER WILDKRÄUTER

Wildkräuter haben wie alle Pflanzen ihren ganz eigenen Lebensrhythmus. Auch unter ihnen gibt es einjährige, zweijährige und mehrjährige Pflanzen. Die einjährigen sind krautig, wachsen aus Samen und überleben nur eine Saison. Sie lassen sich recht einfach jäten (am besten vor der Samenreife) und gehören auf den Kompost. Zu den einjährigen Wildkräutern zählen beispielsweise Vogelmiere oder Einjähriges Rispengras. Zu den zweijährigen Wildkräutern gehören z. B. Wilde Malve oder auch Kümmel. Zweijährige Pflanzen bilden im ersten Jahr eine Blattrosette, mit der sie überwintern. Im Frühjahr des zweiten Jahres löst sich die Rosette auf, und es wächst ein Blüten- und späterer Fruchtstand. Nach der Fruchtreife stirbt die ganze Pflanze ab. Zweijährige Pflanzen sollten schon im ersten Jahr gejätet werden, damit sie möglichst nicht zur Samenreife gelangen.

Mehrjährige Wildkräuter sind dagegen ausdauernd und robust. Sie leben länger als zwei Jahre und werden in manchen Fällen sehr alt. Mehrjährige Wildkräuter bilden fast immer dicke, stabile Wurzeln und müssen rechtzeitig, das heißt bevor sie sich durch Aussaat vermehren, aus dem Beet entfernt werden. Zu den ausdauernden Wildkräutern zählen Ampfer, Nesseln, Giersch, Winde, Quecke und Ackerdistel. Man kann sie nur endgültig aus dem Beet verbannen, wenn man sie regelmäßig ausgräbt und sorgfältig darauf achtet, dass keine Wurzelreste im Boden verbleiben.

WILDKRÄUTER VERMEIDEN

Ein Patentrezept gegen Wildkräuter im Gemüsebeet gibt es nicht. Am wichtigsten ist es, das Beet vor dem Säen oder Pflanzen gut vorzubereiten. Gerade Wurzeln von mehrjährigen Wildkräutern müssen vollständig entfernt werden, sonst wachsen die Pflanzen erneut und bedrängen das Gemüse. Ein- und Zweijährige sind am besten durch regelmäßiges Hacken im Zaum zu halten. Das klingt nach viel Arbeit, geht aber schnell, wenn man es wirklich regelmäßig tut. Die Wildkräuter werden durch Hacken von ihren Wurzeln getrennt und trocknen ein. Wenn sie noch keine Samen angesetzt haben, können sie auf dem Beet als Mulchschicht liegen bleiben oder werden kompostiert. Ganz nebenbei wird durch das Hacken die obere Bodenschicht aufgelockert.

So kann Luft an die Wurzeln gelangen, und die Kapillaren im Oberboden werden zerstört. Es verdunstet weniger Wasser aus den tieferen Bodenschichten und kann den Pflanzen weiterhin zur Verfügung stehen.

Das richtige Werkzeug

Für das Hacken gegen Unkraut gibt es verschiedene Werkzeuge, die sich in einem wichtigen Punkt unterscheiden. Zieh- oder Feldhacken sind weit verbreitet und in jedem Gartencenter zu bekommen. Wie der Name schon sagt, zieht man sie einfach durch den Boden. Sie kommen immer dann zum Einsatz, wenn das Beet dicht mit Wildkräutern überwuchert ist. Stoßhacken, bekannt auch als Schuffeleisen, kommen dagegen nur zum Einsatz, wenn genügend Platz zwischen den Pflanzenreihen ist. Wenn sie gut geschärft sind, macht das Hacken mit ihnen wenig Mühe. Die Wildkräuter werden knapp unter der Erdoberfläche von ihren Wurzeln getrennt und bleiben zum Trocknen auf der Erde liegen. Die Arbeit mit dem Schuffeleisen ist effektiv, wenn die Wildkräuter noch nicht allzu groß sind. Neben Hacken gibt es noch Krallen oder Kultivatoren. Sie haben drei gebogene Zinken, mit denen die Erde aufgerissen wird, und kommen zum Einsatz, wenn der Boden bei der Wildkrautbekämpfung gleichzeitig tief gelockert werden soll.
Im Saatbeet sind all diese Geräte allerdings tabu, sie würden die zarten Keimlinge zu leicht verletzen. Hier hilft nur eins: Jäten per Hand.

Mulchen gegen Unkraut

Ein wirksamer Schutz gegen Wildkräuter ist auch eine Lage Mulch (→ Seite 44). Dazu deckt man die nackte Erde mit einer wenigstens 5 cm starken Schicht organischen Materials ab, etwa mit Stroh, Heu, Häcksel oder Kompost. Diese Schicht hindert Wildkräuter am Keimen und Wachsen und sorgt obendrein für eine bessere Bodenstruktur. Die Mulchschicht verrottet mit der Zeit und wird vom Bodenleben in Nährstoffe für die Nutzpflanzen umgewandelt.

Wildkräuter hält man im Gemüsebeet im Zaum, indem man entweder regelmäßig hackt (oben) oder eine Mulchschicht aufträgt (unten).

SCHNELLE HILFE BEI PROBLEMEN

In der lichtarmen Jahreszeit geht es nicht allen Pflanzen gut. Vor allem bei häufig wechselnden Temperaturen und viel Regen brauchen Gemüsebeete viel Aufmerksamkeit.

Keimlingskrankheiten führen sehr schnell zum Totalausfall aller benachbarten Sämlinge.

Auch wenn man im Garten alles richtig macht – angefangen vom geeigneten Standort über die genaue Planung nach den Prinzipien von Mischkultur und Fruchtfolge bis hin zur sorgsamen Pflanzenpflege – treten trotzdem ab und zu Krankheiten und Schädlinge auf und bedrohen die Gemüsebestände.

Der Anbau von Wintergemüse stellt uns dabei vor ganz spezielle Probleme. Saugende und beißende Insekten wie Läuse oder Spinnmilben sind nur im Sommer ein Problem, denn sie stellen ihre Entwicklung im Winter ein. Auch Raupen und Schnecken haben im Winter keine Chancen.

Ganz anders sieht es bei Pflanzenkrankheiten aus. Sie haben bei abnehmendem Tageslicht und zunehmender Nässe leichtes Spiel. Wenig Licht und kühle Temperaturen stellen für fast alle Pflanzen eine Herausforderung dar. Schließlich möchten sie, was Wärme sowie die Versorgung mit Wasser und Nährstoffen angeht, den für sie möglichst optimalen Zustand. Ist es zu kühl, zu nass oder stimmt die Zusammensetzung der Nährstoffe nicht, werden sie geschwächt. Das Pflanzengewebe wird weich, und Krankheitserreger und Schädlinge haben leichtes Spiel. Als Gärtner muss man im Herbst deshalb noch mehr als sonst Vorsicht walten lassen und die Pflanzen regelmäßig kontrollieren – denn Vorbeugen ist besser als heilen.

KEIMLINGSKRANKHEITEN

Gerade auflaufende Keimlinge reagieren besonders empfindlich auf Pilzkrankheiten, die sogenannten Auflauf- oder Umfallkrankheiten, und zwar vor allem im Spätherbst und Winter. Entscheidende Abhilfe schafft eine gute Vorbereitung des Saatbeets. Der Boden muss humos und locker sein, sodass sich keine Staunässe bilden kann. Insgesamt sollte man die Saatbeete so trocken wie möglich halten. Die ganz späten

Sätze von Kohl oder Salat sät man am besten gleich im Frühbeet unter Glas oder im Folientunnel aus.

GRAUSCHIMMEL UND FALSCHER MEHLTAU

Pilzkrankheiten treten auf, wenn Pflanzen geschwächt sind, weil sie z. B. zu wenig Licht bekommen, und gleichzeitig ständig feuchte Blätter haben. Das kommt gerade bei niedrigen Temperaturen häufig vor. Zusätzlich werden die Pflanzen durch starke Temperaturschwankungen geschwächt. Blattgemüse und Salate sind besonders gefährdet, da sie große und weiche Blätter haben. Hohe Stickstoffmengen im Boden und Verletzungen der Pflanzen können das Problem noch verschärfen.

Grauschimmel (Botrytis) ist ein typischer Schwächeparasit. Hohe Feuchtigkeit in Luft und Boden fördern den Befall. Abhilfe schaffen hier nur vorbeugende Kulturmaßnahmen. Salat z. B. verträgt im Winter nur ganz wenig Stickstoff im Boden und sollte möglichst hoch gepflanzt werden. So liegen die unteren Blätter nicht ständig auf der nassen Erde. Zudem muss man ihn mit großem Abstand pflanzen, denn ein weiter Stand fördert die Durchlüftung der Beete, sodass die Blätter schneller trocknen können. Sparsames Gießen hilft den Pflanzen zusätzlich, gut durch den Winter zu kommen.

Ein anderes Problem ist der Falsche Mehltau, der häufig an Salat und auch Spinat vorkommt. Er tritt bei feuchter Witterung zunächst an den äußeren Blättern auf. Blattoberseits sind gelbe Flecken zu sehen, unterseits entdeckt man einen Schimmelrasen. Falscher Mehltau ist sehr kältetolerant und begleitet Salat und Spinat hauptsächlich in nassen Wintern. Die späten Salatsätze werden im Herbst deshalb vorbeugend mit einem kalten Kasten abgedeckt oder besser gleich im Frühbeetkasten oder im Folientunnel kultiviert. Beim Spinat kann man zudem eine Reihe mehltauresistenter Sorten auswählen. Sie sind robust und bleiben gesund.

Insgesamt kann man das Risiko des Befalls von Pilzkrankheiten bei allen Pflanzen vermindern, wenn man im Winter so sparsam wie möglich wässert und die Blätter möglichst trocken in die Nacht gehen. Dazu müssen Frühbeetkästen, Gewächshäuser und Folientunnel reichlich gelüftet werden – eine Notwendigkeit, die man zu dieser Jahreszeit leicht vergisst. Außerdem sollte man sorgfältig auf Pflanzenhygiene achten. Das heißt in erster Linie, dass man nur sauberes Werkzeug verwendet und Vorsicht im Umgang mit den Pflanzen walten lässt, indem man unnötige Verletzungen der Blätter vermeidet, die Krankheitserregern das Eindringen erleichtern. Außerdem sollte man kranke Blätter und Pflanzen so schnell wie möglich aus den Beeten entfernen.

Links: Grauschimmel kann bei Blumenkohl zum Totalausfall führen. Sparsameres Gießen oder ein mobiler Kasten schaffen Abhilfe.

Falscher Mehltau kommt auch an Zwiebeln vor. Befallene Pflanzen sollte man so schnell wie möglich entfernen

Paysans

ERNTEN, LAGERN & KONSERVIEREN

Auch im Winter erntet man Gemüse am besten, wenn es reif ist. Wenn es zu lange frostig kalt ist, erntet man manche Gemüse jedoch besser vorzeitig und lagert sie ein.

Die Gemüseernte ist für Gärtner die schönste Arbeit, denn sie ist der Lohn für alle Mühe. Und wenn der Anbau clever geplant und die Aussaatsätze geschickt gestaffelt sind, können wir uns auch im Herbst und Winter mit frischem Gemüse aus dem Garten selbst versorgen.

JEDES GEMÜSE ZU SEINER ZEIT

Jede einzelne Gemüsekultur muss zum richtigen Zeitpunkt geerntet werden. Junges Gemüse schmeckt manchmal besonders lecker, ist aber oft klein und bildet wenig Masse. Andere Kulturen brauchen ihre Zeit zum Reifen, sonst schmecken sie nicht gut.

- Radieschen, Kohlrabi oder Rettich beispielsweise müssen jung geerntet werden, sonst werden sie holzig und sind kaum noch zu genießen.
- Bei Kopfkohl ist genau das Gegenteil der Fall. Er braucht eine gewisse Zeit, um große, feste Köpfe zu bilden. Diese sind dann auch lange lagerfähig.
- Grünkohl, Pastinaken und Lauch können im Garten überwintern, man erntet sie bei Bedarf.
- Salat und Spinat können den ganzen Winter im Folientunnel oder Gewächshaus wachsen und werden geerntet, wenn die Blätter groß genug sind.

Darüber hinaus diktiert natürlich auch das Wetter, was wir wann im Garten ernten können. Man muss die einzelnen Kulturen also genau beobachten, um im richtigen Moment zu ernten.

LAGERN UND HALTBAR MACHEN

Irgendwann gibt es in jedem Spätherbst oder Winter eine Periode mit starkem Frost – was nicht alle Gemüse vertragen.
Vor zu erwartenden Dauerfrostperioden kommen alle Möhren, Rüben, Kohlköpfe und Zichoriensalate vom Beet ins Winterlager. Dazu werden sie ausgegraben, von Erdresten und trockenen sowie faulen Blättern befreit und entsprechend eingelagert. Als Lager kommen z. B. für Wurzelgemüse Erdmieten, Erdkammern oder Erdkeller in Betracht. Kohlköpfe, Zwiebeln und Endivien kommen in den kühlen, dunklen Keller.
Alternativ kann man Gemüse aber auch einkochen oder einfrieren. Besonders lecker und gesund ist milchsauer eingelegtes Gemüse wie das bekannte Sauerkraut.

Wintergemüse wird oft im Keller eingelagert. Er sollte kühl, leicht feucht und sauber sein.

RICHTIG ERNTEN: ERNTEREIFE UND ERNTETECHNIK

Der richtige Erntezeitpunkt und auch die richtige Erntetechnik entscheiden über den Geschmack des Gemüses und darüber, wie lange es lagerfähig ist.

Im Sommer wird Gemüse immer vormittags geerntet, besonders an heißen Tagen. Denn die Pflanzen verdunsten im Lauf des Tages Wasser und in der Folge nimmt der Druck des Zellsafts (Turgor) ab. Das Gemüse wird weicher und ist damit schlechter haltbar. Dem widerspricht das Argument, dass es wegen der hohen Nitratbelastung besser ist, nachmittags oder abends zu ernten. Nitrat ist ein wichtiger Nährstoff im Boden, den die Pflanzen für die Bildung von Proteinen (Eiweiß) benötigen. Doch Proteine werden nur tagsüber gebildet, wenn die Pflanzen Fotosynthese betreiben. Deshalb ist nachmittags ein Großteil des Nitrats, den die Pflanze während der Nacht aufgenommen hat, abgebaut.

Doch im Winter sind die Tage kürzer und die Pflanzen betreiben weniger Fotosynthese. Aus diesem Grund enthält frisch geerntetes Wintergemüse meist mehr Nitrat. Deshalb erntet man in der lichtarmen Jahreszeit am besten am späten Nachmittag eines sonnigen Tages, denn auch die Sonneneinstrahlung spielt eine Rolle. Der Nitratgehalt ist dann am niedrigsten, und Aromen und Vitamine sind in vollem Maß enthalten. Dies gilt z. B. für Salat, Spinat, Rote Bete, Rettich und Radieschen. Auch Bohnen, Möhren und Mangold bleiben besser bis zum späten Nachmittag im Beet, ihr Vitamingehalt ist dann am höchsten.

Eine Ausnahme bilden Kräuter. Sie werden vormittags geerntet, dann ist ihr Aroma am intensivsten. Entscheidend ist bei all diesen Empfehlungen jedoch, dass wir im Winter bei frostfreien Temperaturen ernten.

Zur Möhrenernte lockert man den Boden mit der Grabegabel tief, ohne die Möhren zu verletzen.

SO ERKENNT MAN DEN RICHTIGEN REIFEZEITPUNKT

Es ist nicht ganz einfach, für jede Pflanzenart genau den richtigen Reifezeitpunkt zu finden. Grundsätzlich gilt, dass Gemüse nicht zu spät geerntet werden darf, denn eine sehr späte Ernte verändert bei vielen Gemüsen den Geschmack.

- Kohlrabi, Rettich und Radieschen werden holzig, allerdings ist bei der Kultur im Winter diese Gefahr nicht allzu groß.

Zwiebeln, die bei der Ernte noch grüne Blätter haben, müssen nachreifen. Dazu legt man sie auf das Beet in die Sonne. Wenn die Blätter vollständig vergilbt sind, entfernt man sie. Anschließend kann man die Zwiebeln einlagern.

- Zwiebeln sind reif, sobald das Laub vergilbt und abgeknickt ist.
- Rosenkohl, Blumenkohl und Brokkoli erntet man, wenn die Köpfchen noch geschlossen sind. Kopfkohl muss feste Köpfe haben.
- Kopfsalat muss unbedingt Köpfe ausgebildet haben, bevor man ihn ernten kann. Pflück- und Schnittsalate werden geschnitten, wenn sie ausreichend große Blätter besitzen, das Gleiche gilt für Spinat oder Mangold.
- Möhren sind reif, wenn die Blattspitzen ihres Grüns anfangen zu vergilben, und Rote Bete, wenn sie über 5 cm Durchmesser haben.

ERNTETECHNIKEN

Es ist sehr einfach, Gemüse für den frischen Genuss zu ernten. Kopfsalate, Blumenkohl und Brokkoli sowie Kohlköpfe werden mit einem sauberen Messer abgeschnitten, Wurzeln und Rüben gräbt man aus. Anschließend putzt und wäscht man das Gemüse. Wurzeln werden außerdem geschält. Schließlich wandert alles in die Salatschüssel oder in den Kochtopf.
Schnittsalat, Babyleafsalate, Mangold und Spinat können gepflückt oder auch geschnitten werden. Dabei dürfen die Herzen der Pflanzen nicht verletzt werden, sonst können sie nicht mehr weiterwachsen und weitere Ernte liefern.

Lagergemüse ernten

Bei der Ernte von Lagergemüse gibt es etwas mehr zu beachten. Zum einen wäscht man die Erntewerkzeuge nach jedem Einsatz heiß ab, um die Verbreitung von Krankheiten im Gemüselager zu verhindern. Zum anderen darf das Gemüse auf keinen Fall verletzt werden.
Möhren, Rüben, Chicoréewurzeln oder Lauch z. B. stecken tief in der Erde und müssen behutsam ausgegraben werden. Dazu lockert man die Erde mit einer Grabegabel und zieht das Gemüse vorsichtig aus der Erde. Kopfkohl und Endivien werden ebenfalls mitsamt den Wurzeln geerntet. Möhren, Pastinaken, Rüben, Rettich und Sellerie werden von Blättern befreit, die jungen Blattaustriebe lässt man aber stehen.
Wichtig: Lagergemüse darf nach der Ernte nicht gewaschen werden, sonst wird die natürliche Schutzschicht der Köpfe und Wurzeln zerstört. Man entfernt lediglich Erde und grobe Verschmutzungen, und zwar am besten mit einer weichen Bürste.
Anschließend wird das Gemüse auf Krankheiten, Verletzungen und Druckstellen untersucht und gegebenenfalls aussortiert. Eingelagert werden darf wirklich nur gesundes Gemüse. Befallene Exemplare stecken die gesunden sonst an, und die Lagervorräte verderben.

OUTDOOR ODER INDOOR? RICHTIG LAGERN

Einige Gemüse bleiben den Winter über auf dem Beet und werden nach und nach geerntet. Für die anderen gilt: Voraussetzung für die stetige Versorgung ist richtiges Lagern.

Manche Gemüsearten sind frostfest und können deshalb den ganzen Winter über im Beet stehen bleiben, andere müssen eingelagert werden, wenn es für sie zu kalt wird.

DIE ÜBERWINTERER IM FREILAND

Für winterfeste Kulturen ist das Überwintern auf dem Beet genau das Richtige, denn dort überstehen sie die kalte Jahreszeit am besten. Probleme gibt es höchstens bei starken Temperaturschwankungen und hohen Niederschlägen.
Zu den Gemüsearten, die bei uns im Freien überwintern können, gehören Grünkohl, Rosenkohl oder auch Lauch. Grün- und Rosenkohl wachsen bei milden Temperaturen noch weiter und können mehrfach geerntet werden. Die Kälte macht den Pflanzen kaum etwas aus, ganz im Gegenteil, ihr Geschmack wird nach Frosteinwirkung noch besser. Geerntet werden sie allerdings immer an frostfreien Tagen. Dauerfrostperioden können jedoch sogar für diese Kulturen zum Problem werden, besonders wenn dabei die Sonne scheint. In diesem Fall schützt man diese Pflanzen mit einem Vlies (→ Seite 30/31). So können ihnen Kälte, Wind und die Wintersonne nicht viel anhaben, und man kann das Gemüse den ganzen Winter über ernten.
In wärmen Regionen sind lang anhaltende Frostperioden eher die Ausnahme. Doch auch hier kann es teilweise sehr kalt werden, und vor allem sind stark wechselnde Temperaturen nicht gut für die Pflanzen. Daher sollte für die extrem kalten Nächte immer eine Rolle Vlies bereitliegen. Wenn starker Frost erwartet wird, kann das Vlies schnell über die Beete gedeckt werden. Sobald es wieder wärmer wird, nimmt man das Vlies wieder ab.
Auch Wurzelgemüse kann teilweise im Beet überwintern, denn viele Arten wie Pastinaken, Petersilienwurzeln, Schwarzwurzeln oder Topinambur sind absolut winterfest. Sie können bei Bedarf ausgegraben werden, solange der Boden nicht gefroren ist. Die Erntezeit für sie kann erheblich verlängert werden, wenn man die Beete bei Frost abdeckt. Dazu eignet sich eine dicke

Porree ist robust. Er wird an frostfreien Tagen geerntet und bleibt, in Sand eingeschlagen, lange frisch.

Für Rote Bete oder Wurzelgemüse ist das Sandbett ideal: Dort lagern sie dunkel und sind von hoher Luftfeuchtigkeit umgeben.

Mulchschicht aus Stroh, Heu oder Laub oder auch ein dickes Frostschutzvlies.
Wenn sehr lange Dauerfrost herrscht, reichen diese Maßnahmen allerdings meist nicht mehr aus. Dann ist es besser, die Wurzeln auszugraben und in einem geeigneten frostfreien Lagerraum aufzubewahren.

Ungebetene Mitesser

Wühlmäuse oder wilde Kaninchen können im Garten überwinterndem Gemüse stark zusetzen. Man sollte sie unbedingt bekämpfen oder vertreiben, denn Fraßschäden führen bei Gemüse häufig zum Totalausfall. Wühlmäuse fressen schmackhafte, frische Wurzeln, und Kaninchen lieben besonders den Winterkohl.

IM KELLER EINLAGERN

Gemüse hält sich am besten bei Temperaturen von 5–10 °C und einer Luftfeuchtigkeit von 90 %. Solche Idealbedingungen liefern oft gemauerte Keller in alten Häusern, die noch einen Lehmboden haben.
Aber auch in neueren Häusern bietet sich der Hauskeller oft als Lagerraum an. Er sollte frostfrei, aber kühl sein. Die Luftfeuchtigkeit sollte hoch sein, und der Raum muss gut belüftet sein. Leider sind moderne Keller aber häufig zu warm, besonders, wenn dort eine Heizungsanlage steht. Wenn man Glück hat, findet man in der Kelleretage aber noch eine Abstellkammer, die die nötigen Bedingungen erfüllt.
In einem geeigneten Keller stellt man am besten Kisten mit feuchtem Sand auf. Dort werden Möhren, Sellerie, Rote Bete und Rüben im Sand eingeschlagen. Feste, gesunde Kohlköpfe können zusammengebunden und am Strunk über Kopf aufgehängt werden. Am Boden kann man Endivien und Kohl lagern, indem man sie einfach auf einer Schicht Sand aufschichtet.
Wenn kein geeigneter Keller zur Verfügung steht, kann ein Schuppen oder eine Garage als Ersatz dienen. Allerdings sind dort die Temperaturschwankungen höher, und in sehr kalten Nächten sind sie nicht frostfrei. Für Wurzelgemüse ist das kein Problem, sie lagern auch hier in Kisten mit feuchtem Sand. Bei sehr strengen Frösten deckt man die Kisten zusätzlich mit Vlies ab. Zum Einlagern von Kohl oder Endivien müssen die Räume jedoch frostfrei sein. Sinken die Temperaturen unter 3 °C, wird ein wenig geheizt. Frostwächter – kleine Heizgeräte mit einem Thermostat – reichen dafür meist aus, wenn die Räume nicht zu groß und ein wenig isoliert sind.

Zwiebeln sind im Winterlager lange haltbar, wenn sie vor dem Einlagern trocknen.

WINTERFEST EINLAGERN IN DER ERDE

Erde isoliert, und deshalb halten sich Wintergemüse in schützenden Erdbehausungen viele Monate – ob einfache Erdmiete, gemauerte Erdkammer oder massiver Erdkeller.

Schon seit jeher haben sich Menschen die isolierenden Eigenschaften des Bodens zunutze gemacht und Gemüse in Erdmieten, Erdkammern und Erdkellern eingelagert. Je nachdem, welcher Platz zur Verfügung steht und wie viel Zeit man in den Bau investieren möchte, kann man die passende Variante auswählen.

EINFACHE LÖSUNG: DIE ERDMIETE

Erdmieten waren über viele Jahrhunderte die gebräuchlichste Form der Gemüselagerung im Winter. Sie sind ohne großen Materialaufwand zu bauen und erfüllen ihren Zweck sehr gut.

Recycling: In der in der Erde eingegrabenen Waschmaschinentrommel lagern Kartoffeln frostfrei.

Wenn Erdmieten gut gebaut sind, herrscht in ihnen eine Temperatur von 5 °C und eine Luftfeuchtigkeit von 90 %. Das Gemüse hält sich dort wochen- oder sogar monatelang.
Erdmieten baut man am besten an schattigen Stellen im Garten. Neben ebenerdigen Varianten gibt es Mieten mit einer ca. 40 cm tiefen Grube (→ Seite 74/75). Auf den Boden kommen eine Dränageschicht aus grobem Sand oder Kies sowie ein Kaninchendraht als Schutz vor Wühlmäusen. Darauf wird das Gemüse aufgeschichtet, ohne es zu quetschen. Die Erdmiete kann so hoch gefüllt werden, dass oberirdisch ein kleiner Hügel entsteht. Ist sie gut gefüllt, deckt man das Gemüse mit einer etwa 30 cm starken Lage Stroh ab. Sie schützt vor Kälte und sorgt auch für ein wenig Luft im Lager. Eine etwa 20 cm dicke Erdschicht bildet den Abschluss der Miete. Sie speichert Feuchtigkeit und verhindert, dass das Stroh vom Wind weggeweht wird.
Erdmieten sind allerdings etwas umständlich zu öffnen und zu verschließen. Am besten entnimmt man größere Gemüsemengen, die man in den nächsten Tagen nach und nach aufbraucht.

ZWISCHENSTUFE: DIE ERDKAMMER

Aufwendiger, dafür aber auch leichter zu handhaben sind Erdkammern. Dabei handelt es sich um etwa 1 m tiefe Erdgruben, die mit Ziegelsteinen oder Brettern ausgekleidet werden. So kann keine lose Erde in die Kammer rutschen. Der Boden wird mit Sand oder Kies dräniert und mit

Ein Erdkeller ist ideal für Lagergemüse, denn er ist kühl, dunkel und hat eine relativ hohe Luftfeuchtigkeit. Wenn er geschickt eingerichtet ist, findet in ihm der Wintervorrat an frischem Gemüse für eine ganze Familie Platz.

einem engmaschigen Draht als Schutz gegen Wühlmäuse ausgelegt.
Nachdem man das Gemüse in der Grube eingelagert hat, wird diese mit Brettern, Reisig und Laub oder auch Doppelstegplatten abgedeckt. Um die Frischluftzufuhr zu gewährleisten, baut man zusätzlich Lüftungsrohre ein. Der Vorteil der Kammer gegenüber einer Erdmiete: Sie ist leicht zu öffnen. Und die Wärme der Erde plus eine gut isolierende Abdeckung hält die Kammer auch im Winter frostfrei.

Die Erdhütte

Ganz praktisch und längst nicht so aufwendig zu bauen wie Erdkeller sind Erdhütten. Dabei handelt es sich um Erdkammern mit Aufbauten aus Holz. Man gräbt wie bei der Erdkammer zunächst eine etwa 1 m tiefe Grube und befestigt die Ränder. Über der Grube errichtet man eine Hütte aus Balken und Brettern und deckt sie mit einem regendichten Dach ab. Als Wärmeisolierung von Wänden und Dach dienen Erde, Reisig und/oder Stroh. Ein Rohr sorgt für die Frischluftzufuhr. Erdhütten sind begehbar und damit sehr komfortable Gemüselager.

DER KÖNIG UNTER DEN ERDBAUTEN: DER ERDKELLER

Optimal für die Einlagerung von Gemüse und auch der Stolz eines jeden Selbstversorgers ist ein gut gebauter Erdkeller. Dabei handelt es sich um einen fest gemauerten unterirdischen Raum, der natürlich trocken sein muss. Aus diesem Grund liegt der tiefste Punkt des Erdkellers über dem Grundwasserspiegel.
Der optimale Standort eines Erdkellers liegt im Schatten von Bäumen oder auf der Nordseite eines Gebäudes, so kann die Sonne den Keller nicht aufheizen. Der Boden wird wie bei Erdkammern mit Sand oder Kies dräniert und mit einem engmaschigen Draht gegen Wühlmäuse ausgelegt. Wände aus Ziegelsteinen sorgen für ausreichende Luftfeuchtigkeit.
In einem gut gebauten Erdkeller liegt auch im Winter die Temperatur konstant bei etwa 5 °C. Damit ist er perfekt zum Lagern von Gemüse geeignet. Der Erdkeller ist begehbar und durch die Tür sehr gut zu lüften. Er bietet reichlich Lagerfläche für Gemüse, das entweder aufgeschüttet oder in Kisten eingelagert werden kann. Stabil gebaute Stellagen bieten im Erdkeller zusätzlichen Platz, weil man in ihnen mehrere Kisten übereinandergestapelt platzsparend unterbringen kann.

EINE ERDMIETE BAUEN

Erdmieten sind einfach zu bauen und halten Lagergemüse lange frisch. Die Erde sorgt für milde Temperaturen und hohe Luftfeuchtigkeit.

DAS BRAUCHEN SIE:

- 4 Bretter (in die gewünschten Maße gesägt)
- Stroh oder Laub
- 1 Palette
- Abdeckplane (etwas größer als die Fläche der Miete)
- Spaten

Als Erstes hebt man den Boden 40 cm tief aus. Auf schwere Böden bringt man eine Schicht Schotter oder Kies als Dränage auf. Die Grube mit den Brettern abstützen.

▼

◄ Das Wintergemüse vorsichtig einschichten, ohne es zu quetschen. Geht man dabei geschickt vor, bleiben nur wenige Zwischenräume, und der Raum wird gut genutzt.

◄ Nun deckt man die gefüllte Erdmiete mit einer Isolierschicht aus Stroh oder Laub ab. Die umgebende Erde hält die Temperaturen in der Miete konstant, und die Isolierschicht aus Stroh sorgt für ausreichende Belüftung des Gemüses. Das ist besonders wichtig, um Schimmelbildung und anderen Lagerkrankheiten vorzubeugen. Eine dicke Isolierschicht hält zudem in kalten Wintern strenge Fröste ab.

Dann deckt man die Erdmiete mit einer Palette oder einer ähnlichen Holzkonstruktion ab. Diese sollte auf den höheren kurzen Bretter aufliegen, sodass genug Luft gespeichert und das Gemüse nicht gequetscht wird. Die Palette sorgt dafür, dass Herbst- und Winterstürme die Isolierschicht nicht verwehen. ►

◄ Zum Schluss wird die Erdmiete mit einer wasserdichten Plane abgedeckt, damit von oben keine Feuchtigkeit eindringen kann. Die Palette sorgt für Abstand zur Isolierschicht, sodass die Luft zirkulieren kann. Die Ränder der Plane befestigt man mit Erde.

DIE ERNTE HALTBAR MACHEN

Die Praktiken unserer Großeltern sind wieder groß in Mode: Gemüse, das man nicht frisch isst oder einlagert, wird eingekocht, eingemacht oder getrocknet.

Sehr häufig fallen im Herbst große Mengen an Gemüse bei der Ernte an, die man nicht gleich verbrauchen kann. Wenn auch der Platz zum Einlagern knapp ist, wählt man andere Methoden, um das Gemüse haltbar zu machen. Manche sind uralt und doch immer wieder gut.

KLASSISCH: DAS EINKOCHEN

Einkochen ist alles andere als altmodisch, denn es ist eine energiesparende Art, Obst und Gemüse zu konservieren. Durch Erhitzen in einem sogenannten Einkochtopf werden Mikroorganismen abgetötet, die zum Verderben der Lebensmittel führen würden. Der einzige Nachteil: Anders als beim Einfrieren gehen hitzeempfindliche Vitamine verloren.

Beim Einkochen muss man sehr sorgfältig und sauber arbeiten, damit das Ergebnis gelingt. Besonders wichtig sind die richtigen Gläser. Sie müssen penibel sauber sein und funktionierende Verschlüsse haben. Außerdem müssen sie so dickwandig sein, dass sie unter dem Einfluss von Hitze nicht springen. Traditionell verwendet man Weckgläser mit Gummiringen und Federklammern zum Einkochen sowie sogenannte Twist-Off-Schraubgläser mit separat gelieferten, kunststoffbeschichteten Deckeln. Verwendet man gebrauchte Twist-Off-Gläser, sollte man auf alle Fälle neue Deckel kaufen. Die alten schließen unter Umständen nicht mehr perfekt.

Egal, ob die Gläser neu oder gebraucht sind, als Erstes werden sie sterilisiert. Dies ist besonders wichtig, damit das eingekochte Gemüse später nicht verdirbt. Dazu legt man sie mitsamt den Deckeln in einen Einwecktopf mit Wasser, kocht sie etwa fünf Minuten aus und stellt sie anschließend zum Trocknen auf ein Handtuch.

Das Gemüse wird nach der Ernte gewaschen und gegebenenfalls geschält. Dann schneidet man es in Stücke und gibt es in die Gläser. Nun füllt man die Gläser mit Wasser, sodass der Inhalt vollständig bedeckt ist, und gibt zum Schluss eine Prise Salz sowie Gewürze in das Glas.

Nach dem Füllen werden die Gläser fest verschlossen und so in den Einkochtopf gestellt,

Ein gesunder, leckerer Wintergenuss: Nach klassischem Rezept eingekochte Rote Bete.

SCHNELL VERBRAUCHEN, LAGERN ODER KONSERVIEREN?

GEMÜSEART	KONSERVIERUNGSMETHODE
Kopfsalat, Schnittsalat, Asia-Salate, Ruccola, Felsalat, Babyleafsalat	kurze Zeit kühl lagern
Melde, Spinat, Mangold	blanchieren und einfrieren
Radieschen, Frischrettich	kurze Zeit kühl lagern
Winterrettich, Rote Bete, Möhre, Sellerie, Pastinaken, Wurzelpetersilie u. a. Wurzeln	einsanden, Erdmiete, kalter Kasten, einfrieren, einlegen
Möhren, Bohnen, Erbsen	einkochen, einfrieren
Winterhecken- & Frühlingszwiebeln, Lauch	frisch vom Beet verbrauchen
Zwiebeln, Knoblauch, mediterrane Kräuter	trocknen
Schnittlauch, Petersilie	einfrieren
Kerbel, Koriander, Bärlauch	frisch verbrauchen
Kopfkohl	einmachen, milchsauer einlegen, blanchieren und einfrieren
Brokkoli, Blumenkohl	blanchieren und einfrieren
Blattkohl	blanchieren und einfrieren

dass sie sich nicht berühren. Nun gibt man Wasser in den Topf, aber nur so viel, dass die Gläser zu etwa drei Vierteln bedeckt sind. Das Wasser wird nun langsam auf 75–100 °C erhitzt. Erst dann beginnt die richtige Einkochzeit. Sie kann je nach Inhalt und Rezept 10 Minuten bis zwei Stunden dauern. Ist die Zeit um, bleiben die Gläser noch etwa 10 Minuten im heißen Wasser stehen. Danach nimmt man sie aus dem Topf und bedeckt sie mit einem Küchentuch. Während die Gläser langsam abkühlen, bildet sich ein Vakuum, das für die Konservierung des Gemüses entscheidend ist.

Wenn man keinen Einkochtopf besitzt, kann man alternativ auch den Backofen verwenden. Die gefüllten und verschlossenen Gläser werden mit ausreichend Abstand auf die mit Wasser gefüllte Fettpfanne gestellt und bei 190–200 °C eingekocht. Sobald sich Bläschen in der Flüssigkeit in den Gläsern bilden, wird der Ofen ausgeschaltet. Danach bleiben die Gläser eine halbe Stunde lang im geschlossenen Ofen stehen. Anschließend öffnet man den Ofen und lässt die Gläser langsam abkühlen.

Die Gläser mit dem eingekochten Gemüse beschriftet man mit dem Datum und lagert sie an einem dunklen und kühlen Ort. Sie sind mindestens ein Jahr haltbar, oft sehr viel länger.

Vorsicht: Wenn sich die Verschlüsse sehr leicht öffnen lassen, ist etwas schiefgelaufen. Meist ist der Inhalt der Gläser dann verdorben und muss entsorgt werden.

Sauerkraut selbst gemacht: Dazu wird geraspelter Weißkohl in einem Steinguttopf zum Gären gebracht.

GEMÜSE EINMACHEN

Unter dem Begriff Einmachen versteht man das Pasteurisieren von Obst oder Gemüse. Wir kennen es von Marmelade, Gelees oder Tomatensoßen und Chutneys.
Zunächst werden alle Zutaten nach Rezept gekocht und abgeschmeckt, dann füllt man sie so heiß wie möglich in ausgekochte Twist-Off-Gläser. Nun verschließt man die Gläser und stellt sie einige Minuten auf den Kopf. Beim Abkühlen entsteht ein Vakuum, der Deckel zieht sich leicht nach innen. Tut er das nicht, hat sich kein Vakuum gebildet und der Inhalt bleibt verderblich.

EINLEGEN IN ESSIG UND SALZ

Eine besonders clevere Art, Gemüse haltbar zu machen, ist das Einlegen. Dazu müssen die Gemüse nicht gekocht werden. Das Einlegen in Salz und Essig ist eine bewährte Methode aus Großmutters Zeiten. Essig und Salz konservieren das Gemüse, auch wenn es mit dieser Methode nicht so lange haltbar ist wie beim Einkochen.
Zum Einlegen wird frisches Gemüse gewaschen, klein geschnitten und eingesalzen. Nun muss es einige Stunden ruhen, damit das Salz dem Gemüse Wasser entziehen kann. Anschließend wird das Gemüse mit einem sauberen Tuch trocken getupft und in den vorbereiteten Essigsud gegeben. Eingelegtes Gemüse lässt sich im Kühlschrank etwa zwei Wochen aufbewahren. Soll es länger haltbar sein, muss es zusätzlich eingekocht werden. Dazu wird das eingelegte Gemüse im Essigsud gekocht und dann ohne den Sud in die Gläser gegeben. Nun kocht man den Sud noch einmal auf, gießt ihn heiß über das Gemüse, verschließt die Gläser dicht und lässt sie abkühlen. So konservierte Lebensmittel halten mehrere Monate. Kräuter und Gewürze geben dem Gemüse eine bestimmte Geschmacksrichtung. Jeder kennt eingelegte Gurken, aber auch Wurzelgemüse, Rote Bete, Zwiebeln und Knoblauch schmecken eingelegt richtig gut.

MILCHSAUER EINLEGEN

Das milchsaure Einlegen wirkt nicht nur konservierend, sondern erhöht auch noch den gesundheitlichen Wert des Gemüses. Bekanntestes Beispiel ist das aus Weißkohl zubereitete Sauerkraut. Der Vorteil des milchsauren Einlegens ist, dass die Vitamine des Weißkohls erhalten bleiben und Vitamin C sogar angereichert wird. Auch andere Kohlarten können auf diese Art konserviert werden, ebenso Möhren, Rote Bete, Zwiebeln, Lauch, Rettich, Sellerie oder Pastinaken. Das Gemüse wird geputzt, fein gehobelt oder in dünne Scheiben geschnitten. Anschließend wird es mit Salz und Gewürzen in einen Steinguttopf geschichtet und so lange gestampft, bis Wasser austritt. Um die Milchsäuregärung zu beschleunigen, kann man Molke (aus dem Reformhaus) zugeben. Zum Schluss wird die Oberfläche des Topfinhalts abgedeckt und mit einem Gewicht beschwert. Dann stellt man den Topf 10–14 Tage bei Zimmertemperatur auf, bis kein Blubbern mehr zu hören ist. Nun kommt er an einen kühlen Ort, am besten in den Keller. Nach weiteren acht Wochen ist die Gärung abgeschlossen, das Gemüse kann gegessen werden.

HALTBAR DURCH TROCKNEN

Das Trocknen von Lebensmitteln ist wohl die älteste Konservierungsmethode. Dabei wird Gemüse, Pilzen oder Kräutern über Stunden oder Tage kontrolliert Wasser entzogen, sodass Mikroorganismen nicht mehr existieren können und das Trockengut haltbar ist. Trocknen kann man Gemüse entweder an der Luft, im Backofen oder in einem speziellen Dörrgerät. Geeignet ist nur gesundes Gemüse. Es wird gewaschen und in Scheiben geschnitten. Die zum Trocknen nötigen Temperaturen liegen bei 30–70 °C. Während des Vorgangs muss für ständigen Luftaustausch gesorgt sein, damit die verdunstete Feuchtigkeit abziehen kann. Besonders schonend ist die Trocknung bei niedrigen Temperaturen, so bleiben Aromen und Nährstoffe weitestgehend erhalten. Das getrocknete Gemüse kann luftdicht verpackt mehrere Monate aufbewahrt werden.

EINFACH UND SCHNELL: EINFRIEREN

Die einfachste und am meisten verbreitete Methode des Konservierens ist das Einfrieren. Die auf dem Gemüse existierenden Mikroorganismen werden dadurch zwar nicht abgetötet, verharren in der Kälte aber in einem Ruhezustand und richten keinen Schaden an. Ein großer Vorteil des Einfrierens ist, dass das Gemüse im optimalen Reifezustand konserviert wird und die wertvollen Inhaltsstoffe weitestgehend erhalten bleiben. Nachteil ist der hohe Energieverbrauch. Damit das Gemüse auch nach dem Auftauen knackig ist, muss es vorbehandelt werden. Es wird gewaschen und geschnitten, und viele Arten werden vor dem Einfrieren noch blanchiert, etwa Blumenkohl, Brokkoli, Kopfkohl, Blattgemüse und Möhren. Bei Lauch und Roter Bete ist Blanchieren nicht nötig. Bei Temperaturen von -18 bis -21 °C ist das Gemüse ein Jahr haltbar.

Bohnen werden bei Zimmertemperatur trocken aufbewahrt (oben), Lauch friert man portionsweise ein (unten).

SUPERFRISCHES IM WINTER: KEIM- UND GRÜNSPROSSEN

Die perfekte Ergänzung zum Wintergemüse sind Keim- & Grünsprossen. Sie sind reich an Vitaminen und Mineralstoffen, und man kann sie das ganze Jahr über ziehen.

Im Winter ist es dunkel und kalt, und wir Menschen sehnen uns nach frischem Obst und Gemüse. Unser Organismus hat einen erhöhten Bedarf an sekundären Pflanzenstoffen und natürlich an abwehrstärkenden Vitaminen. Frisches Obst und Gemüse helfen uns in dieser Zeit, doch häufig fehlt uns noch ein Frischekick auf dem Speiseplan. Keim- und Grünsprossen können diese Lücke gut schließen. Sie schmecken würzig, sind kinderleicht selbst zu ziehen und decken unseren Energiebedarf wie kaum ein anderes Gemüse. Sprossen werden häufig als Superfood oder Wundernahrungsmittel bezeichnet, und das völlig zu Recht. Sie sind selbst nach der Ernte noch lebendig und liefern uns superfrische Vitalstoffe.

SPROSSEN SIND EINE BESONDERE ART GEMÜSE

Sprossen werden aus Samen gezogen, die wir trocken niemals essen würden. Die Entwicklung der Sprossen beginnt mit der Quellung der Samen. Durch sie werden im Saatkorn Enzyme aktiviert, die den Samen letztlich zum Keimen bringen und die den Stoffwechsel des Keimlings in Gang setzen. Und erst dieser Keimungsprozess des Saatkorns macht rohe Sprossen genießbar. Wir können die Nährstoffe gut aufnehmen und verdauen.

Genau diesen Keimungsprozess setzen wir in Gang, wenn wir Keimsprossen selber heranziehen. Keimsprossen enthalten wertvolle Inhaltsstoffe. Wir können sie roh essen und sehr gut verdauen. Die vorher harten Samenkörner verändern während der Keimung ihre Struktur, sie werden weich und bekömmlich. Während des Keimvorgangs werden Mineralstoffe, Vitamine, Aminosäuren und sekundäre Pflanzeninhaltsstoffe produziert, und der Keimling beginnt zu leben. Das Faszinierende daran ist, dass sich der Keimling so lange ausschließlich von den im Saatkorn gespeicherten Stoffen ernährt, bis sich die Keimwurzel fest in der Erde verankert hat und dann in Wasser gelöste Nährstoffe aus dem Boden aufnehmen kann.

Kein Wunder, dass Keimsprossen so gesund sind, denn sie enthalten alles, was die Pflanzen zum Leben brauchen. Diese beachtliche Leistung der Natur können wir für uns nutzen.

Grünsprossen sind in kurzer Zeit bereit zur Ernte und sie brauchen wenig Platz.

Der Keimsprossenturm ist ein einfaches und praktisches Gerät. In den verschiedenen Etagen kann man ganz unterschiedliche Sprossen ziehen. Meist besteht der Turm aus drei Keimschalen, einer Auffangschale für das Wasser und einem Deckel.

EINFACH UND DOCH WERTVOLL

Bei der Keimung erhöht sich der Enzymanteil im Saatkorn um ein Vielfaches. Durch den Verzehr der Sprossen können genau diese Enzyme unseren Organismus aktivieren. Sie helfen uns dabei, die mit der Nahrung zu uns genommenen Nährstoffe effektiver und damit besser zu verdauen. Ein Salat mit verschiedenen Sprossen enthält im Vergleich zum einfachen Kopfsalat ein Mehrfaches an Vitaminen, Proteinen und sekundären Pflanzeninhaltsstoffen.
Außerdem haben Sprossen unter allen Nahrungsmitteln die höchste Konzentration an Nährstoffen pro aufgenommener Kalorie. Ihr Nährwert ist um ein Vielfaches höher als der des nicht gekeimten Saatkorns.

SPROSSEN SELBST ZIEHEN

Keimsprossen sind die ersten Austriebe von keimenden Gemüse- oder Getreidesamen. Ihr großer Pluspunkt ist, dass man sie ganz einfach und kostengünstig selbst anziehen kann, und zwar rund ums Jahr. Man braucht keine große Ausrüstung, das Saatgut ist günstig, sie wachsen sehr schnell und müssen nach der Ernte weder gewaschen, geschält noch geschnitten werden. Keimsprossen schmecken in Salaten, Suppen, Wokgerichten oder auf Brot. Auch Smoothies bekommen erst durch Sprossen einen ganz besonderen Pfiff.
Die dicht wachsenden grünen Kressekeimlinge, die es im Supermarkt zu kaufen gibt, kennt jeder und fast jeder hat schon selbst Kressesamen keimen lassen. Neben der Kresse gibt es aber noch eine stattliche Reihe von Gemüse- und Getreidearten, die sich ebenfalls gut für die Anzucht von Sprossen eignen. Beispiele sind Amaranth, Bockshornklee, Brokkoli, Buchweizen, Erbsen, Gerste, Hafer, Karotte, Kohl, Lein, Linsen, Möhre, Mungobohnen, Radieschen, Rauke, Rettich, Roggen, Senf, Sesam, Sojabohnen, Sonnenblumenkerne sowie Weizen.
Die Ausstattung für die Anzucht ist einfach, meist hat man das, was man dafür braucht, schon zu Hause. Nötig sind nur ein geeignetes Gefäß, Wasser und natürlich frisches Saatgut. Die Keimgefäße können ganz unterschiedlich sein. Für feine Samen wie Kresse reicht der gute alte Kresseigel völlig aus. Eine ebenfalls gängige und günstige Variante ist ein Schraubglas, das mit einem durchlöcherten Deckel oder mit einem Stück Kunststofftüll abgedeckt wird. Natürlich gibt es auch verschiedene Keimgeräte zu kaufen, die teilweise automatisch die Sprossen in regelmäßigen Abständen mit Wasser versorgen und durchspülen. Doch egal welches

Gefäß man verwendet, wichtig ist es immer, darauf zu achten, dass die Öffnungen in der Abdeckung des Gefäßes nicht zu groß sind, damit die jeweiligen Samen beim Spülen nicht herausfallen können.

Keimsprossen aus dem Glas

Das Prinzip der Sprossenanzucht ist immer gleich, so wie es hier am Beispiel der Anzucht in Schraub- oder Weckgläsern beschrieben ist.

- Als Erstes füllt man die sauberen Gläser mit etwa einer Handvoll Saatgut. Am besten eignet sich frisches Biosaatgut, denn es ist in der Regel nicht behandelt und keimt garantiert. In jedes Glas gibt man immer nur eine Sprossenart, da die Keimzeit der verschiedenen Arten unterschiedlich lang ist.
- Anschließend gibt man die vierfache Menge Wasser dazu und deckt das Glas mit einem mit Löchern versehenen Deckel oder mit Tüll ab.
- Das Saatgut beginnt nun sofort zu quellen und dehnt sich dabei aus. Die Quellzeiten liegen je nach Pflanzenart zwischen 4 und 12 Stunden. Ist der Prozess des Quellens abgeschlossen, gießt man das übrige Wasser ab und spült die Samen mehrfach mit frischem Wasser.
- Nach der letzten Spülung legt man das Glas auf die Seite. Nun beginnen die Sprossen zu keimen. Während des Keimvorgangs müssen die Keimlinge Tageslicht bekommen, sonst neigen einige Arten dazu, Nitrat anzureichern. Ein Platz in der direkten Sonne ist jedoch nicht optimal, dort können die Sprossen verbrennen. Am besten ist ein Platz auf der Arbeitsplatte in der Nähe des Küchenfensters.
- Die normale Zimmertemperatur ist für die meisten Arten zum Keimen ideal.
- Während des Keimens brauchen Sprossen Luft und Feuchtigkeit. Man spült sie deshalb zwei- bis dreimal täglich mit frischem, lauwarmem Wasser durch. Das Spülwasser schüttet man am Schluss durch das Sieb wieder aus. So bleiben die Sprossen feucht, liegen aber nicht im Wasser und können nicht schimmeln.

Die zierlichen Radieschensprossen überraschen mit ihrer Schärfe (oben). Knackige Bohnensprossen passen in Gemüse und an Salate (unten).

Die Keimzeit hängt von der Art der Sprossen und davon ab, in welchem Stadium man die Sprossen am liebsten mag. Erfahrungsgemäß liegt sie zwischen 2 und 8 Tagen. Die Sprossen werden in diesem Zeitraum einige Zentimeter lang. Sind sie groß genug, nimmt man sie aus dem Glas, gibt sie in ein Sieb und spült sie noch einmal gründlich mit klarem Wasser. Keimsprossen isst man am besten sofort. Im Kühlschrank kann man sie – abgedeckt mit einem feuchten Tuch – zwei bis drei Tage lagern.

Keimsprossen und ihre Inhaltstoffe

Je nach Pflanzenart bilden die Keimsprossen verschiedene Inhaltsstoffe. Diese sind für den Geschmack verantwortlich und haben für uns Menschen außerdem wohltuende Wirkungen. Einige Sprossen schmecken ausgesprochen scharf, sie enthalten Senföle. Diese können eine hemmende Wirkung auf Viren und Bakterien haben und wirken positiv bei Infektionen. Sprossen von Hülsenfrüchten enthalten dagegen Saponine. Sie wirken stärkend, entzündungshemmend, harntreibend und schleimlösend und helfen unserem Organismus, Viren und Pilzerreger zu bekämpfen. Brokkolisprossen warten mit

Winterliche Vitaminlieferanten: Brokkolisprossen wirken sehr positiv auf unseren Organismus.

Achtung, Schimmel

Die Sprossenanzucht ist einfach und erfordert doch ein wenig Sorgfalt. Die Samen keimen in einem feuchten und warmen Milieu, da ist die Gefahr des Befalls mit Schimmelpilzen und Bakterien recht hoch. Aus diesem Grund müssen die Keimlinge zwei- bis dreimal täglich mit lauwarmem Wasser durchgespült werden, denn nur so kann ein Befall verhindert werden. Auch die Raumtemperatur spielt eine wichtige Rolle. Temperaturen zwischen 18 und 20 °C reduzieren die Keimbelastung, und die Sprossen sind länger haltbar. Vor dem Verzehr müssen die Sprossen gut unter fließendem Wasser abgewaschen werden.

großen Mengen Sulforaphan auf. Dieser sekundäre Pflanzenstoff kann bei arthritischen Erkrankungen sowie Atemwegserkrankungen hilfreich sein und wird auch in der prophylaktischen Krebstherapie eingesetzt. Sojabohnenkeimlinge sind bekannt für ihre entzündungshemmenden Flavonoide, die positiv auf den Cholesterinspiegel und den Blutdruck wirken können. Sonnenblumenkerne und Leinsamen wiederum können uns helfen, den Blutzuckerspiegel zu regulieren.

GRÜNSPROSSEN

Grünsprossen oder Microgreens unterscheiden sich von Keimsprossen durch ihre ausgewachsenen grünen Keimblätter. Sie sind einige Tage älter als Keimsprossen und werden auf Erde oder Trägermaterial wie Watte, Küchenpapier oder speziellen Kulturmatten kultiviert. Zur Ernte schneidet man Grünsprossen oberhalb der Wurzeln oder erntet sie mitsamt den Wurzeln.

Grünsprossen selber ziehen

Für die Anzucht von Grünsprossen braucht man lediglich geeignete Anzuchtschalen oder Töpfe sowie eine gute Erde oder Watte, Küchenpapier oder Vlies. Als Anzuchtschalen sind Kunststoffkisten, kleine Aluschalen oder auch tiefe

Die Anzucht von Grünsprossen braucht etwas mehr Zeit als die der Keimsprossen. Man erntet sie, sobald die Keimblätter voll ausgewachsen sind.

Backbleche gut geeignet. Die Gefäße müssen neu oder gut gereinigt sein, um den Befall mit Keimlingskrankheiten (Umfallkrankheit) zu vermeiden. Wählt man Erde als Substrat, ist Bio-Anzuchterde zu empfehlen.

- Zunächst füllt man die Gefäße mit einer 1–2 cm dicken Schicht Substrat. Alternativ legt man sie mit Watte, Küchenpapier oder Kulturmatten aus. Das Substrat wird gut angefeuchtet, ohne es allzu stark mit Wasser zu durchtränken, sonst kann es schimmeln.
- Große Samen wie Linsen, Erbsen, Bohnen oder Sonnenblumen weicht man über Nacht in lauwarmem Wasser ein und spült sie vor der Aussaat mit klarem Wasser ab. Dann legt man die Samen dicht an dicht auf das Substrat. Kleineres Saatgut wird einfach in einem Küchensieb gut durchgespült und direkt in das Gefäß gesät. Da schon im Keimblattstadium geerntet wird, brauchen die Sämlinge viel weniger Platz als im Gemüsegarten.
- Die Samen werden gleichmäßig auf der Oberfläche verteilt. Dunkelkeimer deckt man mit Papier ab. Küchenrolle oder Zeitungspapier sind ideal, denn sie sind relativ fest und können gut durchfeuchtet werden.
- Nun stellt man die Schalen ein bis zwei Tage dunkel auf, bis die Keimlinge das Papier nach oben drücken. Dann nimmt man das Papier wieder ab, denn die Keimlinge benötigen jetzt unbedingt Tageslicht, um ihre Keimblätter entfalten zu können.
- Wichtig ist, während der ganzen Anzuchtzeit die Erde gleichmäßig feucht zu halten, denn die Sprossen dürfen während ihrer Entwicklung nicht austrocknen. Doch auch zu viel Nässe tut den jungen Pflanzen nicht gut. Deshalb gießt man überschüssiges Wasser nach dem Gießen unbedingt ab.
- Nachdem sich die Keimblätter der Sprossen vollständig entfaltet haben, wachsen die sogenannten Primärblätter. Das ist der Zeitpunkt für die Ernte. Man schneidet die Sprossen einfach mit einer Küchenschere ab. Wachsen sie auf Watte oder auf Matten, werden die Sprossen mitsamt den Wurzeln gezogen.
- Hängen noch Samenhülsen an den Keimblättern, kann man sie einfach entfernen, indem man die geernteten Sprossen in eine Schale mit kaltem Wasser legt. Die leichten Hülsen steigen dann an die Wasseroberfläche und lassen sich leicht abgießen.

Grünsprossen werden nach der Ernte am besten gleich frisch verarbeitet oder direkt gegessen. Im Kühlschrank können sie höchstens ein bis zwei Tage gelagert werden.

GRÜNSPROSSEN SELBER ANZIEHEN

Die Anzucht von Grünsprossen ist einfach und kann in jedem Raum mit ausreichend Tageslicht erfolgen. Ganz wichtig ist die Versorgung mit Wasser.

DAS BRAUCHEN SIE:

- Gemüse- oder Kräutersamen
- Küchensieb und diverse Schälchen
- Substrat
- bei Bedarf Zeitungspapier oder Küchenpapier zum Abdecken
- Gießkanne mit feiner Brause

Als Erstes gibt man das Saatgut in ein Küchensieb und spült es mit klarem, handwarmem Wasser gründlich ab, damit sich Staub und andere Verschmutzungen lösen.

▼

◀ Nun nimmt man das Saatgut mit einem Löffel aus dem Sieb und verteilt es gleichmäßig in der mit Substrat gefüllten Saatschale. Das Saatgut darf nicht aufeinanderliegen, sonst keimt es nicht.

◄ Nach der Aussaat wird gegossen, bis das Substrat gut durchfeuchtet ist. Kohl oder Radieschen sind Dunkelkeimer und müssen dünn bedeckt werden. Am einfachsten geht das mit einer Lage Zeitungspapier oder einigen Blättern Küchenrolle. Sobald die Sämlinge zu keimen beginnen, muss das Papier wieder entfernt werden. Lichtkeimer wie Kerbel oder Kresse dürfen nicht abgedeckt werden.

Sobald das Saatgut quillt, darf es niemals austrocknen. Man gießt am besten mit einer feinen Brause, so werden Saatgut und Keimlinge nicht weggespült. Vorsicht: Staunässe schadet den Pflänzchen, daher darf niemals über längere Zeit Wasser in der Schale stehen. Wenn sich die Keimblätter voll entfaltet haben, wird sparsamer gegossen. ►

◄ Nach den Keimblättern wachsen kleine Primärblätter. Dies markiert den richtigen Erntezeitpunkt für die Grünsprossen. Man schneidet sie mit einer Schere direkt über der Substratoberfläche ab und gibt sie zum Beispiel frisch auf den Salat.

WINTER-GEMÜSE IM PORTRÄT

SALATE & BLATTGEMÜSE

Salate und Blattgemüse sind Genuss pur und machen das ganze Jahr über Lust auf Vitamine. Deshalb dürfen sie auch im Winter im Garten nicht fehlen.

KOPFSALAT

Lactuca sativa var. *capitata*
Korbblütengewächse ☼ ◑
Saattiefe: 0,5 cm | Pflanzabstand: 30 × 30 cm

Nährstoffbedarf: niedrig
Boden: humos, tiefgründig
Aussaat: mit Vorkultur: Juli bis September; Pflanzung: August bis Oktober; Aussaat direkt ins Beet: August bis September
Kulturdauer: vier bis sechs Monate
Beetpartner: Kohl, Möhren, Rettich, Radieschen, Zwiebeln

Kopfsalat gibt es in drei Varianten: Den klassischen Salatkopf mit weichen Blättern und lockeren Köpfen, der knackigen, haltbaren Eisbergsalat mit sehr festen Köpfen und den Bataviasalat mit festen Köpfen und vielen Umblättern.

ANBAU / PFLEGE: Für die Winterernte sät man Kopfsalat im Juli und August aus und pflanzt ihn von August bis September. Es darf aber nicht zu heiß sein, denn bei Temperaturen über 20 °C keimt er schlecht. Die spätesten Sätze für die Jungpflanzenüberwinterung im Gewächshaus, Frühbeet oder unter Vlies sät man von August bis September und pflanzt sie im Oktober.
Salat mag humose, lockere, nicht zu trockene Böden. Im Herbst hält man ihn eher trocken. Frühbeetkästen oder Gewächshäuser muss man im Winter gut lüften.

ERNTEVERLÄNGERUNG: Frühe Wintersätze reifen unter Vlies oder Hauben aus, späte pflanzt man ins Frühbeet oder kalte Gewächshaus. Die Jungpflanzen für die Frühjahrsernte im Freiland schützt man mit einem Vlies vor strengem Frost.
SCHÄDLINGE UND KRANKHEITEN: Läuse, Pilzkrankheiten, bakterielle Fäule, Drahtwürmer, Schnecken
GUTE SORTEN: → Seite 93, Tabelle
ERNTE UND LAGERUNG: Frühe Wintersätze von November bis Januar, Überwinterungssätze von Februar bis März. Noch geschlossene Köpfe abschneiden und ausputzen. Kopfsalat kann man zwei bis drei Tage kühl lagern, Eisbergsalat und Bataviasalat länger.
VERWENDUNG: Nur frisch, und am besten mit klassischer Vinaigrette oder Joghurtdressing.

PFLÜCKSALAT / SCHNITTSALAT

Lactuca sativa var. *crispa*
Korbblütengewächse ☼ ◐
Saattiefe: 0,5 cm | Pflanzabstand: 30 × 25 cm

Nährstoffbedarf: niedrig
Boden: humos, tiefgründig
Aussaat: mit Vorkultur: Juli bis September; Pflanzung: August bis Oktober; Aussaat direkt ins Beet: August bis September
Kulturdauer: vier bis sechs Monate
Beetpartner: Kohl, Möhren, Rettich, Radieschen, Zwiebeln

Alle paar Wochen ausgesät, ermöglichen Pflück- und Schnittsalate über einen langen Zeitraum reiche Ernte. Pflücksalate bilden keine festen Köpfe; es gibt sie in vielen Farben und Formen. Sie stehen relativ lange im Beet. Geerntet werden immer nur die äußeren Blätter. Weit verbreitet sind rot- oder grünblättrige Eichblatt- und Lollosalate, aber auch Schnabelsalate sind wegen ihrer spitz zulaufenden Blätter sehr beliebt. Mittlerweile haben sich Saatgutfirmen der Pflücksalate angenommen und züchten ihnen knackige Herzblätter oder sogar locker Köpfchen an. Die modernen Sorten werden im großen Stil angebaut und in den Handel gebracht. Bei diesen Sorten erntet man ganze Rosetten oder lockere Köpfe. In bunten Mischungen verpackt fehlen sie heute in keinem Supermarkt. Schnittsalate sind uns auch aus Frühjahrspflanzungen bekannt, denn sie gehören im Garten zu dem ersten frischen Gemüsen. Sie wachsen sehr schnell und können schon nach wenigen Wochen geerntet werden. Ihre Blätter sind weich und sie schmecken sehr zart. Sowohl Schnitt- als auch Pflücksalate sind jedoch auch gut für den Winteranbau geeignet. Im Garten sind diese Salatformen wegen ihres lockeren Wuchses recht winterfest und können unter Hauben, unter Vlies oder im Gewächshaus fast den ganzen Winter über geerntet werden.
Schnittsalat wächst nach der Ernte immer nach, allerdings sind die Blätter des zweiten Austriebs etwas weniger zart als die des ersten. Man sät aus diesem Grund besser mehrere Sätze nacheinander aus und nimmt die Pflanzen nach der ersten Ernte aus den Beeten.

Baby- und Multileafsalate

Ein Sonderfall sind Babyleaf- und Multileafsalate, die zur Zeit einen wahren Boom erleben. Kein Wunder, denn die zarten Blätter sind je nach Salattyp unterschiedlich gefärbt und sie schmecken lecker. Für den Anbau von Babyleafsalaten werden v. a. Pflücksalate und Asia-Salate, aber auch Endivien, Mangold, Kresse, Blattkoriander und viele andere verwendet. Babyleafsalate sind typische Schnittsalate, Multileafsalate wie 'Multigreen' und 'Multired' bilden lockere Köpfe.

ANBAU / PFLEGE: Für die Winterernte wird Schnitt- oder Pflücksalat im Juli bis September ausgesät und von August bis Oktober gepflanzt. An heißen Tagen müssen die Saatbeete schattiert werden, denn Salat keimt bei Temperaturen über 20 °C schlecht. Die späteren Sätze werden von August bis September ausgesät und im Oktober in Frühbeetkästen oder ins kalte Gewächshaus gepflanzt. Sie sind ausschließlich als Überwinterungssätze vorgesehen und können ab Februar geerntet werden.
Wie Kopfsalat mögen auch Pflück- und Schnittsalate humose, lockere, nicht zu trockene Böden und müssen im Herbst kaum gegossen werden. Beim Anbau in Frühbeetkästen oder Gewächshäusern muss man darauf achten, diese im Winter gut zu lüften, um die Salatpflanzen vor Infektionen mit Pflanzenkrankheiten zu schützen. Babyleafsalate werden am besten ab September in Sätzen im Abstand von 14 Tagen direkt in das Gewächshaus oder in den Frühbeetkasten gesät. Multileafsalate werden vorgezogen und in Sätzen gepflanzt.

Das Abdecken mit Glashauben verfrüht die Ernte.

Bewährte Sorten: 'Lollo Bionda' und 'Lollo Rosso'.

ERNTEVERLÄNGERUNG: Die frühen Wintersätze des Pflück- oder Schnittsalats reifen unter Vlies oder Hauben am besten, die späten gehören ins Frühbeet oder ins kalte Gewächshaus. Man kann auch Überwinterungssätze pflanzen. Dazu werden die Jungpflanzen noch im Oktober ins Freiland gepflanzt und bei Frost mit einem Vlies geschützt. Babyleaf- und Multileafsalate werden am besten im Frühbeet oder im kalten Gewächshaus kultiviert.
SCHÄDLINGE UND KRANKHEITEN: Läuse, Pilzkrankheiten, Fäulnis, Schnecken
GUTE SORTEN: → Tabelle

ERNTE UND LAGERUNG: Frühe Wintersätze erntet man von November bis Januar, Überwinterungssätze von Februar bis März. Schnittsalate werden vollständig abgeschnitten, wenn sie groß genug sind. Pflücksalate bilden Rosetten und werden nach Bedarf geerntet. Es werden nur die äußeren Blätter gepflückt, so wachsen die Pflanzen weiter und es kann mehrfach geerntet werden. Frühe Sätze von Babyleafsalaten werden ab Ende Oktober bis etwa Weihnachten geerntet, die Überwinterungssätze ab Anfang Februar.
VERWENDUNG: Frisch geerntet schmecken Pflück- und Schnittsalate am besten.

KOPF-, SCHNITT- UND PFLÜCKSALATSORTEN IM ÜBERBLICK

SALAT-ART / TYP	GUTE SORTEN
Kopfsalat	'Brauner Trotzkopf', 'Brauner und gelber Wintersalat' (Jungpflanzenüberwinterung), 'Maiwunder', 'Neckarriesen', 'Winter Butterkopf', 'Zulu'; Eisbergsalat: 'Laibacher Eis', 'Reine de Glaces'; Bataviasalat: 'Blonde de Paris', 'Leny', 'Maravilla de Verano'
Pflücksalat	'Amerikanischer Brauner', 'Australischer Gelber', 'Catalogna', Eichblattsalat, 'Fingersalat', 'Hirschzunge', 'Lollo Bionda', 'Lollo Rosso', 'Till', 'Venezianer'
Schnittsalat	'Gelber Ballon', 'Gelber Schnitt', 'Hohlblättriger Butter', 'Krauser Gelber', 'Ochsenzunge', 'Red Salad Bowl', 'Salad Bowl', 'Struwelpeter'

ENDIVIE

Cichorium endivia

Korbblütengewächse ☼ ◐

Saattiefe: 0,5 cm | Pflanzabstand: 25 × 30 cm

Nährstoffbedarf: mittel
Boden: humos, tiefgründig
Aussaat: mit Vorkultur im Juli, Pflanzung im August; Aussaat direkt ins Freiland im August
Kulturdauer: vier bis fünf Monate
Beetpartner: Fenchel, Kohl, Lauch

Heimat der Endivie ist der Mittelmeerraum, dort wird sie seit der Antike angebaut. Bei uns wird sie seit dem 16. Jahrhundert kultiviert. Der typische bittere Geschmack lässt sich durch Bleichen reduzieren, das macht die Blätter auch ein wenig zarter. Alte Sorten muss man dazu während der Kultur eine Zeit lang vor der Sonne abschirmen, moderne Sorten sind meist selbstbleichend.
Es gibt drei Gruppen von Endivien:

- Schnittendivien bilden lose Rosetten und können wie Pflücksalat angebaut werden.
- Frisée-Endivien bilden Köpfe mit krausen Blättern.

- Eskariol-Endivien bilden Köpfchen aus ganzrandigen Blättern.

Zum Bleichen sind nur Kopfendivien geeignet.

ANBAU / PFLEGE: Endivien mögen nahrhafte, lockere, nicht zu trockene Böden. Alle drei Gruppen können im Topf oder Saatbeet vorkultiviert oder direkt im Freiland ausgesät werden. Zur Vorkultur sät man Anfang Juli aus und pflanzt im August mit 25 × 30 cm Abstand. Die Freilandaussaat kann im August in mehreren Sätzen erfolgen. Nach dem Auflaufen verzieht man die Jungpflanzen auf 25 cm Abstand. Im Sommer hält man die Beete gleichmäßig feucht, im Herbst eher trocken. Zwei bis drei Wochen vor der Ernte werden die Köpfe zum Bleichen zusammengebunden, oder man stülpt jeweils einen Eimer über sie. Endivien vertragen relativ niedrige Temperaturen, faulen aber bei zu viel Nässe bei wechselnden Temperaturen. Man schützt besonders Frisée-Endivien vor großen Regenmengen mithilfe von Glocken oder Folientunneln oder man kultiviert sie im Frühbeetkasten.
ERNTEVERLÄNGERUNG: Endivien bleiben lange im Beet und vertragen auch die ersten kalten Nächte. Glocken, Vlies oder mobile Kästen können die Erntezeit verlängern. Droht Dauerfrost, muss man alle Endivien abernten.
SCHÄDLINGE UND KRANKHEITEN: Läuse, Mehltau, Fäulnis, Wühlmäuse
GUTE SORTEN: → Seite 97, Tabelle
ERNTE UND LAGERUNG: Endivien werden von November bis Dezember geerntet, leichte Fröste schaden nicht. Wenn der Herbst sehr nass ist, benötigen sie Regenschutz (→ Anbau/Pflege), dann kann man sie meist noch bis Weihnachten ernten. Kurz vor Perioden mit strengem Frost sollte man Endivien ausgraben. Man legt sie mitsamt dem Wurzelstock in einem kühlen, luftige, dunklen Raum aus oder hängt sie verkehrt herum auf. So halten sie sich wochenlang.
VERWENDUNG: Endivien schmecken leicht bitter und werden als Salat ebenso geschätzt wie gedünstet als Gemüsebeilage.

ZICHORIENSALAT

Cichorium intybus var. *foliosum*
Korbblütengewächse ☼ ◑
Saattiefe: 0,5 cm | Pflanzabstand: 30 × 30 cm

Nährstoffbedarf: mittel
Boden: humos, tiefgründig
Aussaat: für den Winteranbau Juli/August, Vorkultur möglich
Kulturdauer: vier bis sechs Monate
Beetpartner: Fenchel, Kohl, Lauch

Der Anbau von kopfbildendem Zichoriensalat hat eine lange Tradition. Die bekannteste Sorte ist der Zuckerhut, benannt nach der Form der Köpfe. Zuckerhut, Radicchio, Catalogna, Blattzichorien und Chicorée sind sehr eng miteinander verwandt und tragen den gleichen wissenschaftlichen Namen: *Cichorium intybus* var. *foliosum*. Weil sie sich in den Augen der Verbraucher jedoch deutlich unterscheiden, werden sie in eigenen Porträts vorgestellt (→ Seite 96–99).

'Zuckerhut' ist die bekannteste Sorte der Zichorien.

Zichoriensalat ist wüchsig und bildet große Köpfe.

ANBAU/PFLEGE: Zichoriensalat mag nahrhafte, lockere, nicht zu trockene Böden. Er wird im Juli/August im Topf oder Saatbeet vorgezogen und dann gepflanzt oder im August ins Freiland gesät. Freilandsaaten verzieht man nach dem Auflaufen auf 30 cm Abstand. Die spätesten Sätze (Ende August) haben nicht mehr so viel Zuwachs und ergeben kleinere, aber delikate Köpfe. Im Sommer hält man die Beete gleichmäßig feucht, im Herbst eher trocken.
ERNTEVERLÄNGERUNG: Zichoriensalat ist frostfest und bleibt am besten den Winter über im Beet stehen. Frostschutzvliese oder kalte Kästen vereinfachen die Ernte.
SCHÄDLINGE UND KRANKHEITEN: Läuse, Mehltau, Schimmel, Wühlmäuse
GUTE SORTEN: → Seite 97, Tabelle
ERNTE UND LAGERUNG: Zichoriensalat erntet man ab November. Vor sehr strengen Frösten oder bei wechselhaftem Winterwetter gräbt man ihn samt Wurzeln aus und lagert ihn in Erdmieten, kalten Kellern oder Schuppen ein. Die eintrocknenden äußeren Blätter schützen die Köpfe. Vor dem Verzehr entfernt man sie.
VERWENDUNG: Schmeckt als Salat oder gedünstet als Gemüse. Die Bitterstoffe wirken anregend für Leber und Galle.

RADICCHIO

Cichorium intybus var. *foliosum*
Korbblütengewächse ☼ ◑
Saattiefe: 0,5 cm | Pflanzabstand: 40 × 40 cm

ANBAU / PFLEGE: Radicchio wird im Juli im Topf ausgesät und im August ausgepflanzt. Späte Sätze (Aussaat Ende Juli) pflanzt man Ende August in den Frühbeetkasten oder in das kalte Gewächshaus.
ERNTEVERLÄNGERUNG: Radicchio ist nicht frostfest, kann aber unter Frostschutzvliesen oder mobilen Kästen bis Weihnachten geerntet werden.
SCHÄDLINGE UND KRANKHEITEN: Läuse, Mehltau, Fäulnis, Wühlmäuse
GUTE SORTEN: → Tabelle
ERNTE UND LAGERUNG: Ernte ab November. Vor starken Frösten muss er samt den Wurzeln in Erdmieten oder kalten Kellern eingelagert werden.
VERWENDUNG: Sein bitterer Geschmack gibt gemischten Salaten eine besondere Note.

CATALOGNA

Cichorium intybus var. *foliosum*
Korbblütengewächse ☼ ◑
Saattiefe: 0,5 cm | Pflanzabstand: 50 × 50 cm

ANBAU / PFLEGE: Catalogna, auch Spargelchicorée oder Vulkanspargel, mag nahrhafte, lockere, nicht zu trockene Böden. Man sät ab Juli in Töpfe und pflanzt ab August. Späte Aussaaten (Ende Juli) pflanzt man Ende August ins Frühbeet.
ERNTEVERLÄNGERUNG: Catalogna ist bedingt frostfest. Man schützt ihn mit Frostschutzvlies.
SCHÄDLINGE UND KRANKHEITEN: Läuse, Mehltau, Fäulnis, Wühlmäuse
GUTE SORTEN: → Tabelle
ERNTE UND LAGERUNG: Ernte ab November. Lässt sich zwei bis drei Tage kühl lagern.
VERWENDUNG: Schmeckt nach den ersten Frösten wesentlich milder. Man isst ihn als Gemüse oder als Rohkost in Salaten.

BLATTZICHORIEN

Cichorium intybus var. *foliosum*
Korbblütengewächse ☼ ◐
Saattiefe: 0,5 cm | Pflanzabstand: 15 × 20 cm

ANBAU/PFLEGE: Blattzichorien sind Schnittsalate und vor allem im Jungstadium besonders winterhart. Sie werden ab August/September in Sätzen ins Freiland ausgesät und nach dem Auflaufen auf 15 cm Abstand verzogen.
ERNTEVERLÄNGERUNG: Blattzichorien können unter Frostschutzvliesen oder in kalten Kästen auch im Winter geerntet werden.
SCHÄDLINGE UND KRANKHEITEN: Läuse, Mehltau, Fäulnis, Wühlmäuse
GUTE SORTEN: → Tabelle
ERNTE UND LAGERUNG: Blattzichorien erntet man im November/Dezember, wenn die Blätter 12–15 cm lang sind, unter Schutz auch bis März. Man kann sie zwei bis drei Tage kühl lagern.
VERWENDUNG: Die Blätter sind häufig Bestandteil von Babyleaf-Salatmischungen

ZICHORIENSALATE IM ÜBERBLICK

SALAT-TYP	SORTE	EIGENSCHAFTEN
Endivie	'Grüner Escariol'	kopfbildend, ganzrandig, haltbar, für den Herbstanbau
	'Wallone'	Frisée, große Köpfe, selbstbleichend, gekrauste Blätter
Zichoriensalat, kopfbildend	'Uranus F1'	große, bis zu 50 cm hohe Köpfe, robust
	'Zuckerhut'	hohe, feste Köpfe, im Lager sehr lange haltbar
Radicchio	'Grumolo verde'	rosettenbildend, kann auch als Pflücksalat verwendet werden
	'Palla Rossa'	bildet dunkelrote Köpfchen, ertragreich
	'Rossa di Chioggia'	rundblättrig, kopfbildend, rot – der bekannteste Radicchio
Catalogna	'Brindisina'	früh, aufrecht, kopfbildend, grüne Blätter mit weißer Rippe
	'Di Galatina'	kopfbildend, dunkelgrün, bitter
Blattzichorien	'Rossa Italiana'	dunkelgrüne, gezackte Blätter, rote Stiele
	'Spadona da Taglio'	langblättrig, grün, schmeckt als Babyleaf am besten
	'Zuccheria di Trieste'	rundblättrig, grün, milder Geschmack, als Babyleaf verwenden

CHICORÉE

Cichorium intybus var. *foliosum*
Korbblütengewächse

Saattiefe: 0,5 cm | Pflanzabstand: 15 × 30 cm

Nährstoffbedarf: mittel
Boden: humos, tiefgründig
Aussaat: Mitte Mai, die Vorkultur ist möglich
Kulturdauer: fünf bis acht Monate
Beetpartner: Fenchel, Kohl, Lauch

Chicorée gilt als ausgezeichneter Wintersalat und ist eine relativ moderne Kultur. Die Verwendung als Salat ist letztendlich nur die neuere Nutzungsform einer uralten Kulturpflanze, der Zichorienwurzel. Es gibt Hinweise, dass Zichorien schon von den Römern als Wurzelgemüse genutzt wurden. Ab wann die Pflanze bei uns angebaut und verwendet wurde, ist nicht endgültig geklärt. Doch spätestens im Mittelalter wurde der Zichorienanbau auch in Mitteleuropa populär. Schriften wie das »Capitulare de villis«, ein Erlass Karls des Großen aus dem frühen 9. Jahrhundert, sahen die Kultivierung des Wurzelgemüses vor. Die Verordnung regelte den Anbau von Nutzpflanzen auf den Landgütern des Reichs und sollte so die Versorgung der Bevölkerung sicherstellen. Ihren endgültigen Durchbruch als Nutzpflanze erlebte die Zichorienwurzel gegen Ende des 18. Jahrhunderts. Sie wurde im großen Stil angebaut, und die geernteten Wurzeln wurden getrocknet und gemahlen. Sie galten als günstig herzustellender Ersatz für den damals schon beliebten, wenn auch zu dieser Zeit sehr teuren Kaffee. Im 19. Jahrhundert wurde schließlich in Belgien noch eine andere Form der Nutzung entdeckt – die Chicoréetreiberei. Belgische Rübenbauern sollen Ende des 19. Jahrhunderts nach einer ungewöhnlich reichen Ernte Zichorienwurzeln zur Lagerung eingeschlagen haben. Die Wurzeln konnten nicht verbraucht werden und trieben im Lager aus. Die austreibenden, sehr bleichen Blattknospen wurden geerntet und als zarter, bekömmlicher Wintersalat entdeckt. Die Folge war, dass sich die Chicoréetreiberei besonders in Belgien sehr weit verbreitete und dass die Region bis heute Anbauland Nummer eins ist.

Chicoréewurzeln gräbt man im späten Herbst aus.

ANBAU / PFLEGE: Zichorien mögen nahrhafte, lockere, nicht zu trockene Böden. Sie werden Mitte Mai direkt in Reihen ausgesät und später vereinzelt. Während des Wachstums im Sommer hält man die Beete gleichmäßig feucht. Im Lauf des Sommers bilden die jungen Pflanzen eine kräftige, lose Blattrosette aus, und es wachsen dicke, fleischige Wurzeln. Im Herbst werden die Beete etwas trockener gehalten, damit die Wurzeln genügend Luft bekommen und nicht faulen. Ab Oktober bis Dezember gräbt man die Wurzeln nach und nach aus, stutzt die Blätter auf etwa 5 cm Länge und kappt die Wurzelspitzen. Dann lagert man die Wurzeln im Keller oder in der Erdmiete ein. Nach einer Ruhephase von etwa zwei Wochen holt man die ersten Wurzeln aus dem Lager und stellt sie zum Antreiben der Blattknospen in einen mit etwas Wasser gefüllten Eimer. Dieser kommt samt Inhalt in einen warmen, aber dunklen Raum. Chicorée treibt bei

'Witloof Zoom F1' ist in Westeuropa verbreitet.

'Brüsseler Witloof' eignet sich gut für die Treiberei.

Zimmertemperatur recht schnell aus und wurde früher deshalb meist in die warme Küche gestellt. Die Eimer deckt man mit einem Kübel oder mit dunkler Folie ab, damit der Austrieb kein Licht bekommt und schön bleich bleibt, denn grüner Chicorée schmeckt sehr bitter. Nach zwei bis drei Wochen erntet man die Blattknospen, indem man die Wurzeln abschneidet. Letztere wandern auf den Kompost, und spätestens jetzt wird der nächste Satz neu angetrieben.

ERNTEVERLÄNGERUNG: Chicoréewurzeln kann man in kühlen Räumen in Sand lagern, um sie im Winter nach und nach anzutreiben.

SCHÄDLINGE UND KRANKHEITEN: Läuse, Mehltau, Fäulnis, Wühlmäuse

GUTE SORTEN: 'Brüsseler Witloof', 'Witloof Zoom F1', 'Tardivo', 'Robin'

ERNTE UND LAGERUNG: Die Blattknospen werden geschnitten, wenn die Blätter 12–15 cm lang sind. Chicorée kann einige Tage lang kühl und dunkel gelagert werden.

VERWENDUNG: Chicorée schmeckt schön bitter. Besonders beliebt ist er als Salat. Zur Zubereitung entfernt man die äußeren Blätter, wäscht die Knospe und halbiert sie. Der Strunk enthält die meisten Bitterstoffe, wer das nicht mag, entfernt ihn. Nun wird Chicorée gewürfelt und mit einem mit Zitrone oder Orange abgeschmeckten Joghurtdressing angemacht. Der Salat ist sehr bekömmlich und wirkt wegen seiner Bitterstoffe appetitanregend und verdauungsfördernd. Er ist also die ideale Vorspeise für den Winterbraten. Natürlich kann man Chicorée auch ganz klassisch im Topf garen. Dafür kocht man ihn 15–20 Minuten in Salzwasser. Durch etwas Zucker wird der bittere Geschmack gemildert. Besonders gut schmeckt das Gemüse mit Käse überbacken oder mit gerösteten Semmelbröseln. Auch im Wok lässt sich Chicorée gut zubereiten. Durch das Anbraten schmeckt er weniger bitter.

Chicorée tut gut

Chicorée zählt zu den kalorien- und fettärmsten Gemüsen und ist reich an gesunden Inhaltsstoffen wie Vitamin A, B und C sowie an Kalium, Phosphor, Kalzium und Magnesium. Ernährungsexperten empfehlen ihn auch wegen seiner Bitterstoffe sowie dem Inulin. Beide sind eine Wohltat für den Magen und die Darmflora. Wegen dieser positiven Eigenschaften wird Chicorée gerade im Winter sehr geschätzt und kommt auch bei vielen Diäten auf den Tisch.

FELDSALAT

Valerianella locusta

Baldriangewächse ☼ ◑

Saattiefe: 1–2 cm | Reihenabstand: 10–15 cm

Nährstoffbedarf: niedrig
Boden: kalkhaltig mit hohem Lehmanteil
Aussaat: Freilandaussaat ab August in Sätzen, unter Glas September/Oktober, dann wieder im Januar; Vorkultur möglich
Kulturdauer: acht bis zehn Wochen
Beetpartner: Kohl, Lauch, Endivie, Winterportulak

Feldsalat ist unter vielen Namen wie z. B. Vogerlsalat, Ackersalat oder Rapunzel bekannt. Die in Kultur genommene Wildpflanze wurde früher am Acker- oder Wiesenrand gesammelt. Sie ist einjährig, ihre Blätter sind dunkelgrün, 2–4 cm lang und von unterschiedlicher Form. Feldsalat ist absolut winterfest und übersteht Temperaturen bis -15° C ohne Schaden. Besonders herzhaft schmecken die langsam wachsenden späten Sätze mit ihren dunkelgrünen Blättern. Feldsalat enthält Eisen, Folsäure und Vitamin C. Damit ist er ein sehr wertvoller Vitaminspender in der kalten Jahreszeit. Das in den Wurzeln und Blättern enthaltene Baldrianöl wird in der Heilkunde verwendet.

ANBAU / PFLEGE: Feldsalat ist ein typischer Wintersalat, kann aber auch im Frühjahr angebaut werden. Die Aussaat ist ab August im Freiland oder im September/Oktober unter Glas möglich und erfolgt in Sätzen. Günstige Keimtemperatur ist 16–18 °C. Ist es zu warm, keimen die Samen nicht oder nur unregelmäßig. Die ersten Sätze werden im Freiland in Reihen gesät, die späteren gehören in den Frühbeetkasten oder ins kalte Gewächshaus. Sind die für den Feldsalat vorgesehenen Flächen noch belegt, ist auch die Vorkultur möglich. Spät gepflanzte Sätze bleiben etwas kleiner und benötigen nur 10 × 10 cm Abstand. Feldsalat kommt mit wenigen Nährstoffen aus. Das Saatbeet muss anfangs feucht gehalten werden, später brauchen die Pflanzen etwas weniger Wasser. Beim Gießen im Winter sollten die Blätter möglichst trocken bleiben oder schnell wieder abtrocknen können.
ERNTEVERLÄNGERUNG: Die frühen Freilandsätze werden bei Bedarf mit einem Vlies geschützt, die späteren sät man in den Frühbeetkasten oder ins kalte Gewächshaus.
SCHÄDLINGE UND KRANKHEITEN: Falscher Mehltau, Wurzelfäule, Drahtwürmer
GUTE SORTEN: 'Elan', 'Verte de Cambrai', 'Vit'
ERNTE UND LAGERUNG: Ernte im Freiland Oktober bis Dezember, im Gewächshaus oder Frühbeetkasten bis März. Man schneidet die Rosette an frostfreien Tagen am Wurzelansatz ab, so fällt sie nicht auseinander. Feldsalat kann man bis zu sieben Tage kühl lagern.
VERWENDUNG: Dank des nussigen Aromas einer der beliebtesten Wintersalate. Klassisch: die Kombination mit Apfel und Walnüssen.

Die Wurzeln erntet man während der Ruhezeit.

Blattrosetten schneidet man vor der Blüte.

KULTUR-LÖWENZAHN

Taraxacum officinale
Korbblütengewächse ☼
Saattiefe: Lichtkeimer | Reihenabstand: 25–30 cm

Nährstoffbedarf: mittel bis hoch
Boden: kalkhaltig, feucht, tiefgründig
Aussaat: Direktsaat von April bis Mai für die Wurzelernte im Herbst und Winter, für die Ernte von jungen Blättern im Winter Aussaat im September
Kulturdauer: vier bis sechs Monate, mehrjährige Kultur möglich
Beetpartner: Kohl, Endivie, Lauch, Rettich

Den meisten Gärtnern ist Löwenzahn eher als lästiges Wildkraut im Rasen bekannt. Doch er erfreut sich zunehmender Beliebtheit als Nutzpflanze und bringt frisch-herben Geschmack in die Küche. Löwenzahn ist voller Bitterstoffe und wird in der Volksheilkunde vielseitig verwendet.

ANBAU/PFLEGE: Der Anbau von Löwenzahn ist recht einfach. Die Wildtypen vermehren sich rasch und können ständig geerntet werden. Kulturformen blühen mit Verzögerung und bilden aus diesem Grund mehr Blattmasse. Löwenzahn wird für die mehrjährige Kultur im April/Mai in Reihen ins Freiland gesät und kann schon im ersten Herbst geerntet werden. Die Herbstaussaat ist im September möglich, der Zuwachs von Blättern und Wurzeln ist um diese Jahreszeit allerdings äußerst gering.
ERNTEVERLÄNGERUNG: Eine Schicht Laub oder ein Vlies wärmt den Boden, sodass der Löwenzahn früher (Dezember bis Februar) austreibt und Blätter geerntet werden können. Unter der Schicht bleiben die Blätter gelb, schmecken mild und gelten im Winter als Delikatesse.
SCHÄDLINGE UND KRANKHEITEN: keine
GUTE SORTEN: 'Kultivierter Vollherziger', 'Nouvelle'
ERNTE UND LAGERUNG: Bei Bedarf die Blätter (vor der Blüte) ernten, die Wurzeln dagegen erst, wenn die Pflanze ruht. Die Blätter schmecken nur frisch und lassen sich nur kurze Zeit kühl lagern. Auf frostfreien Böden können die Wurzeln während des ganzen Winters frisch geerntet werden. Vor dem Einsetzen starker Fröste gräbt man sie aus und lagert sie an einem kühlen Ort in Sand.
VERWENDUNG: Frische, junge Blätter schmecken in Salaten und Suppen oder man verarbeitet sie zu Presssaft für die Frühjahrskur. Wurzeln bereitet man als Gemüse zu oder verwendet sie geröstet als Kaffeeersatz.

POSTELEIN, WINTERPORTULAK

Montia perfoliata Portulakgewächse

Saattiefe: 1 cm | Reihenabstand: 15–20 cm

ANBAU / PFLEGE: Die Aussaat ist von August bis September möglich und erfolgt in Sätzen. Die günstigste Keimtemperatur ist kühler als 12 °C.
ERNTEVERLÄNGERUNG: Frühe Sätze schützt man bei Bedarf mit einem Vlies, im September sät man ins Frühbeet oder kalte Gewächshaus.
SCHÄDLINGE UND KRANKHEITEN: keine
GUTE SORTEN: Meist findet man nur die Art.
ERNTE UND LAGERUNG: Geerntet wird von November bis März. Die Blätter werden mit Stielen geschnitten, ohne das Herz der Pflanze zu verletzen. So ist eine mehrfache Ernte möglich. Winterportulak kann zwei bis drei Tage kühl gelagert werden.
VERWENDUNG: Die Blätter schmecken mild und leicht säuerlich, man mischt sie in Salate.

LÖFFELKRAUT

Cochlearia officinalis
Kreuzblütengewächse

Saattiefe: 1 cm | Reihenabstand: 20 cm

ANBAU / PFLEGE: Für die Winternutzung sät man Löffelkraut spätestens Mitte August aus, im Frühjahr ab Mai in Reihen. Während des Sommers muss man Löffelkraut gut feucht halten.
ERNTEVERLÄNGERUNG: Winterkulturen schützt man bei Bedarf mit einem Vlies.
SCHÄDLINGE UND KRANKHEITEN: treten praktisch nicht auf
GUTE SORTEN: Meist findet man nur die Art.
ERNTE UND LAGERUNG: Im Winter Blätter nach Bedarf. Hält sich kühl zwei bis drei Tage.
VERWENDUNG: Man gibt die Blätter in Salate oder verarbeitet sie zu Presssaft für Frühjahrskuren. Die uralte Heilpflanze wird in der Volksheilkunde bei Appetitlosigkeit angewendet.

GARTENKRESSE

Lepidium sativum Kreuzblütengewächse

Saattiefe: Lichtkeimer | Reihenabstand: 10–15 cm

ANBAU / PFLEGE: Für die Winterernte sät man Gartenkresse in mehreren Sätzen ab Ende September. Weil sie schnell keimt, zieht man sie zur Ernte von Keimlingen auch ganzjährig auf der Fensterbank.
ERNTEVERLÄNGERUNG: Der Winteranbau ist nur im Frühbeet oder im kalten Gewächshaus möglich.
SCHÄDLINGE UND KRANKHEITEN: keine
GUTE SORTEN: 'Einfache Kresse', 'Großblättrige Kresse'
ERNTE UND VERWENDUNG: Gartenkresse wird nach zwei bis drei Wochen 2–3 cm über dem Boden geschnitten. Sie lässt sich zwei bis drei Tage kühl lagern und schmeckt frisch am besten.
LAGERUNG: Die Blätter schmecken weniger scharf als die Keimlinge von der Fensterbank.

WINTERKRESSE, BARBARAKRAUT

Barbarea vulgaris Kreuzblütengewächse

Saattiefe: 1 cm | Reihenabstand: 20 cm

ANBAU / PFLEGE: Für die Winterernte wird Winterkresse im August in Reihen ausgesät. Ein Satz reicht aus, die Pflanzen wachsen auch bei niedrigen Temperaturen ein wenig weiter.
ERNTEVERLÄNGERUNG: Ein Frostschutzvlies verlängert die Erntezeit.
SCHÄDLINGE UND KRANKHEITEN: keine
GUTE SORTEN: Meist findet man nur die Art.
ERNTE UND LAGERUNG: Von Oktober bis März werden Blätter gezupft oder geschnitten. Sie lassen sich zwei bis drei Tage kühl lagern.
VERWENDUNG: Winterkresse schmeckt würzig und ist als Brotbelag oder zum Mischen mit anderen Wintersalaten gut geeignet. Spinatgerichten gibt das vitaminreiche Kraut einen würzigen Geschmack.

Sauerampfer schmeckt säuerlich und erfrischend.

Dekorativ im Salat: Der Blutampfer mit roten Blattadern.

SAUER-, SCHILD-, BLUTAMPFER

Rumex acetosa, R. scutatus, R. sanguineus

Knöterichgewächse

Saattiefe: Lichtkeimer | Pflanzabstand: 35 × 35 cm

Nährstoffbedarf: mittel bis hoch
Boden: nahrhaft, feucht, tiefgründig
Aussaat: im April als Vorkultur, Pflanzung im Mai; Wurzelteilung im Frühjahr oder Herbst
Kulturdauer: sechs Monate, mehrjährige Kultur ist möglich
Beetpartner: Kerbel, Petersilie

Sauerampfer schmeckt erfrischend säuerlich und kann durch geeignete Anbaumaßnahmen ganzjährig geerntet werden. Wintersalaten gibt er eine ganz eigene Note und ist auch in der Volksheilkunde nicht unbekannt. Er wirkt appetitanregend, harntreibend und blutreinigend und wird gern als Salat für die Frühjahrskur verwendet. Außerdem hilft er, fette Speisen einfacher zu verdauen. Doch Vorsicht: Sauerampfer enthält Oxalsäure und sollte sparsam verwendet werden. Der Schildampfer ist weit weniger bekannt als der Sauerampfer, wurde aber früher in England sehr geschätzt. Er hat silbrig-grüne, pfeilförmige Blätter und wirkt sehr dekorativ. Ein ganz besonders farbenfrohes Salatkraut ist der Blutampfer. Er hat frischgrüne Blätter mit dunkelroten Blattadern. Sie schmecken schön säuerlich und bereichern jeden Salat optisch sowie geschmacklich.

ANBAU / PFLEGE: Sauer-, Schild- und Blutampfer sind ausdauernd, winterhart und können über mehrere Jahre geerntet werden. Man sät sie im April in Vorkultur aus und pflanzt im Mai. Während des Wachstums hält man die Pflanzen gut feucht. Im Sommer entfernt man laufend Blütentriebe, um mehr Blattzuwachs zu erhalten.
ERNTEVERLÄNGERUNG: Das Abdecken mit einer transparenten Schutzhaube oder einem mobilen Kasten ermöglicht die Winterernte.
SCHÄDLINGE UND KRANKHEITEN: keine
GUTE SORTEN: Meist findet man nur die Arten.
ERNTE UND LAGERUNG: Während des ganzen Jahres zupft man bei Bedarf frische Blätter. Sie lassen sich zwei bis drei Tage kühl lagern.
VERWENDUNG: Man gibt die Blätter in Salate. Blätter junger Pflanzen sind besonders zart, daher wird Ampfer oft einjährig angebaut.

ROTE-BETE-BLÄTTER

Beta vulgaris Gänsefußgewächse ☼ ◑

Saattiefe: 2–3 cm | Reihenabstand: 10 cm

ANBAU/PFLEGE: Für den Winteranbau sät man Rote Bete im Freiland in Sätzen bis Mitte September aus, im Folientunnel oder unter Glas bis Oktober.
ERNTEVERLÄNGERUNG: Als Wintersalat im Frühbeetkasten oder kalten Gewächshaus anbauen.
SCHÄDLINGE UND KRANKHEITEN: Blattflecken, Mehltau
GUTE SORTEN: 'Bull's Blood' oder andere Sorten, siehe Rote-Bete-Knolle (→ Seite 117).
ERNTE UND LAGERUNG: Frühe Sätze ab Ende November bis Weihnachten, Überwinterungssätze ab Februar. Man schneidet oder pflückt nur junge Blätter. Sie lassen sich maximal zwei bis drei Tage kühl lagern.
VERWENDUNG: Die Blätter passen roh in Salate, oder man dünstet sie wie Spinat.

SALAT-CHRYSANTHEME

Pastinaca sativa

Korbblütengewächse ☼ ◑

Saattiefe: 1 cm | Reihenabstand: 20 cm

ANBAU/PFLEGE: Für den Winteranbau sät man Salat-Chrysanthemen ab Mitte September direkt in Reihen aus, auch die Vorkultur ist möglich. Die Frühjahrssaat erfolgt im Freiland ab April.
ERNTEVERLÄNGERUNG: Durch den Winteranbau im Frühbeetkasten oder kalten Gewächshaus erzielt man mehrere Ernten auch im Winter.
SCHÄDLINGE UND KRANKHEITEN: Blattläuse
GUTE SORTEN: Meist findet man nur die Art.
ERNTE UND LAGERUNG: Die Blätter schneidet man ab November nach Bedarf. Sie welken schnell und können nicht gelagert werden.
VERWENDUNG: Die Blätter sind eine schöne Salatbeigabe und schmecken auch gekocht in Gemüsegerichten. Auch die Blüten sind essbar.

HIRSCHHORNWEGERICH

Plantago coronopus Wegerichgewächse

Saattiefe: 1 cm | Reihenabstand: 20 cm

ANBAU / PFLEGE: Hirschhornwegerich wird ab Anfang September ausgesät. Vorkultur macht Sinn, denn das Saatgut ist sehr fein. Gepflanzt wird im September / Oktober mit 20 × 20 cm Abstand.
ERNTEVERLÄNGERUNG: Späte Sätze schützt man bei Frost mit einem Vlies. Der Anbau im Frühbeetkasten ermöglicht mehrere Ernten auch im Winter.
SCHÄDLINGE UND KRANKHEITEN: keine
GUTE SORTEN: Meist findet man nur die Art.
ERNTE UND LAGERUNG: Im Frühbeetkasten erntet man ab Ende Oktober bis März Blätter. Sie lassen sich zwei bis drei Tage kühl lagern.
VERWENDUNG: Die Blätter verwendet man als Salatbeigabe – auch in Babyleafsalaten, allerdings sollte man sie sparsam dosieren. Sie schmecken würzig, säuerlich und schwach salzig.

BLATTMOHN

Papaver rhoeas Mohngewächse

Saattiefe: Lichtkeimer | Reihenabstand: 20 cm

ANBAU / PFLEGE: Blattmohn wird ab Mitte September direkt in Reihen ausgesät, im Frühjahr ab März, auch die Vorkultur ist möglich. Gepflanzt wird von Oktober bis November mit 20 × 20 cm Abstand.
ERNTEVERLÄNGERUNG: Der Winteranbau erfolgt am besten im Frühbeetkasten oder kalten Gewächshaus.
SCHÄDLINGE UND KRANKHEITEN: Blattläuse
GUTE SORTE: 'Rosola da campo'
ERNTE UND LAGERUNG: Blätter tief abschneiden, ohne das Herz zu beschädigen. So gibt es weitere Ernten. Keine Lagerung möglich.
VERWENDUNG: Blattmohn schmeckt recht mild und wird in Salaten oder Smoothies verwendet.

SEDANINA

Apium nodiflorum Doldenblütengewächse ☼ ◑

Saattiefe: 0,5 cm | Pflanzabstand: 40 × 40 cm

ANBAU / PFLEGE: Sedanina wird im April vorgezogen, im Mai ins Beet gepflanzt und kann dort über Jahre stehen. Während des Wachstums hält man die Pflanzen gut feucht, im Winter eher trocken.
ERNTEVERLÄNGERUNG: Sedanina kann gut im Freiland überwintern, ist aber im Frühbeetkasten oder im kalten Gewächshaus besser zu ernten.
SCHÄDLINGE UND KRANKHEITEN: nicht bekannt
GUTE SORTEN: Meist findet man nur die Art.
ERNTE UND LAGERUNG: Während des ganzen Jahres können frische Blätter gezupft werden. Sie lassen sich ungefähr zwei bis drei Tage kühl lagern. Am besten schmecken sie frisch.
VERWENDUNG: Die Blätter schmecken möhrenartig und werden frisch im Salat gegessen oder würzen Gemüsegerichte und Pesto.

GELBDOLDE

Smyrnium olusatrum

Doldenblütengewächse ☼

Saattiefe: 1 cm | Reihenabstand: 40 cm

ANBAU / PFLEGE: Die Gelbdolde wächst zweijährig und wird im August ausgesät, die Frühjahrsaussaat ist ab Mai im Freiland möglich.
ERNTEVERLÄNGERUNG: Gelbdolde kann gut im Freiland überwintern, sollte aber bei starken Frösten mit Schutzvlies abgedeckt werden. Besser ist der Winteranbau im Folientunnel, Frühbeetkasten oder im kalten Gewächshaus.
SCHÄDLINGE UND KRANKHEITEN: keine
GUTE SORTEN: Meist findet man nur die Art.
ERNTE UND LAGERUNG: Man erntet die Blätter, sie lassen sich zwei bis drei Tage kühl lagern.
VERWENDUNG: Die Blätter verwendet man roh oder gekocht in Salaten und Suppen wie Sellerie. Die jungen Triebe sind ein leckeres Gemüse.

BLATTSENF UND MIZUNA

Brassica juncea, B. rapa ssp. *nipposinica*
Kreuzblütengewächse ☼ ◑
Saattiefe: 1–2 cm | Reihenabstand: 20 cm

Nährstoffbedarf: mittel bis hoch
Boden: nahrhaft, humos
Aussaat: Direktsaat im September/Oktober, Vorkultur möglich, Frühjahrssaat ab April
Kulturdauer: im Winterhalbjahr acht bis zwölf Wochen, im Sommer vier bis sechs
Beetpartner: Salat, Lauch, Karotten

Unter dem Begriff Asia-Salate werden verschiedene Kohlsalate bzw. -gemüse zusammengefasst, die wir aus der asiatischen Küche kennen. Es gibt zahlreiche Arten und Sorten, die sich in Blattform, Farbe und Geschmack teilweise erheblich unterscheiden. Bekannte Beispiele sind Blattsenf und Mizuna. Die meisten Asia-Salate sind kältetolerant und frosthart, allerdings nur, wenn sie vor allzu starken Niederschlägen geschützt werden. Sie können im Folientunnel, Frühbeetkasten oder Gewächshaus auch im Winter angebaut und geerntet werden. Der Anbau kann so geschickt gestaffelt werden, dass die ganzjährige Ernte möglich ist. Die Vorfahren der Asia-Salate sind Feldkohl und wilde Rübsen, sie stammen ursprünglich aus Europa. Züchter in Fernost entwickelten die Gruppe der Blattsenfe – scharf schmeckende Kohlgemüse. Die hauptsächlich in China angebaute Sorten eignen sich jedoch nicht für den Anbau in Mitteleuropa. Mittlerweile gibt es jedoch viele neue Sorten mit interessanten Blattformen und -farben, die unserem Klima standhalten. Viele davon wurden für den Babyleafanbau optimiert. Sie sind alle schnellwüchsig und gut winterfest. Mizuna oder Japanischer Salat ist eine ausgesprochen dekorative Pflanze, die eine sehr große Blattrosette mit fein geschlitzten Blättern bildet, wenn man sie auswachsen lässt. Auch Mizuna kommt ursprünglich aus China, erfreut sich aber in Japan so großer Beliebtheit, dass die Pflanze häufig als japanischer Gemüseklassiker angesehen wird. Mizuna ist kältetolerant und daher gut für den Winteranbau geeignet. Er ist schnell erntereif und kann auch prima auf dem Balkon angebaut werden. Bei uns wird er fast immer im Jungstadium geerntet und als Babyleafsalat gegessen.

Mit Frostschutz kann auch im Winter geerntet werden.

ANBAU/PFLEGE: Blattsenf und Mizuna mögen feuchte, humose Standorte mit eher hohem Nährstoffgehalt. Für den Winteranbau wird Blattsenf im Freiland im September oder im Frühbeetkasten oder Gewächshaus ab Anfang Oktober ausgesät. Ansonsten kann die Aussaat von April bis September erfolgen, dabei sät man alle zwei bis drei Wochen direkt in Reihen ins Beet. Für den Winteranbau von Mizuna sät man ab Anfang Oktober im Folientunnel oder Gewächshaus aus. Ansonsten erfolgt die Aussaat im Freiland ab März bis Oktober in Sätzen. Im Sommer kann recht fix geerntet werden, beim Winteranbau dauert es länger. Im Sommer werden die Aussaatsätze zudem enger gestaffelt, Mizuna ist dann weniger ertragreich. Während des Wachstums werden die Pflanzen gut feucht gehalten, im Winter dagegen eher nicht.

'Scarlet Frills' ist rotlaubig und stark gefiedert.

'Red Giant' bildet in der Sonne intensiv rote Blätter.

ERNTEVERLÄNGERUNG: Blattsenf kann gut im Freiland überwintern, bei starken Frösten sollte man ihn aber vorsichtshalber mit einem Schutzvlies abdecken. Besser ist der Winteranbau im Frühbeetkasten oder im kalten Gewächshaus. Mizuna gehört im Winter in den Folientunnel oder unter Glas.

SCHÄDLINGE UND KRANKHEITEN: Kohlweißlinge, Kohlfliege, Erdflöhe, Schnecken, im Winter bei starker Nässe Grauschimmel

ERNTE UND LAGERUNG: Sowohl vom Blattsenf als auch vom Mizuna werden im Sommer nach vier bis sechs Wochen junge Blätter (Babyleafs) geerntet oder später die ganze Pflanze. Im Winter erntet man nach acht Wochen. Wie beim Pflücksalat schneidet oder pflückt man die äußeren Blätter ab, so kann die Pflanze ständig nachwachsen. Die Blätter beider Salate lassen sich zwei bis drei Tage kühl lagern.

VERWENDUNG: Blattsenf-Blätter schmecken scharf-würzig und geben dem Salat einen besonderen Pfiff. Ältere Blätter kann man als Gemüse dünsten, braten oder kochen. Die mild-würzig schmeckenden Mizuna-Blätter werden als Salat gegessen und sind häufig auch Bestandteil von Babyleaf-Salatmischungen.

ASIASALAT-SORTEN IM ÜBERBLICK

ART	SORTE	EIGENSCHAFTEN
Blattsenf	'Frizzy Joe'	gefranste Blätter, sehr scharf
	'Red Giant'	rotlaubig, fein im Geschmack
	'Scarlet Frills'	fein geschlitzte Blätter, rotlaubig
Mizuna	'Arun'	rotlaubig, Blätter spatelförmig, leicht gezähnt, mild-würzig
	'Mandovi'	grünlaubig, Blätter stark gefiedert, mild senfartig, ältere Blätter pikant
	'Mizuna''	grünlaubig, Blätter stark gefiedert, milder Kohlgeschmack, hoher Ertrag
	'Mizuna Deep Red'	intensiv rotlaubig, Blätter spatelförmig, gezähnt, mild

Junge Blätter erntet man als Babyleafsalat.

Der Rosetten-Pak-Choi ist eine Varietät des Senfkohls.

PAK CHOI (SENFKOHL)

Brassica rapa ssp. *chinensis*

Kreuzblütengewächse ☼ ◑

Saattiefe: 1–2 cm | Reihenabstand: 30 cm

Nährstoffbedarf: mittel bis hoch
Boden: nahrhaft, humos
Aussaat: Direktsaat ab August, für Kultur unter Glas Anfang Oktober, Vorkultur möglich
Kulturdauer: sieben bis acht Wochen, als Babyleafsalat vier bis sechs Wochen
Beetpartner: Salat, Lauch, Karotten

Pak Choi, auch unter dem Namen Senfkohl bekannt, ist ein beliebtes Blattstielgemüse. Er kommt aus Fernost und wird z. B. in China schon seit Jahrhunderten angebaut. In vielen Ländern Südostasiens gehört Pak Choi heute zu den beliebtesten Gemüsen. Schwerpunkt dieses Porträts ist allerdings der Anbau als Babyleafsalat. Der Rosetten-Pak-Choi (*Brassica rapa* ssp. *chinensis* var. *rosularis)* ist ein enger Verwandter des Senfkohls. Er ist relativ anspruchslos, gilt als besonders schossfest und wird ganz ähnlich angebaut. Im ausgewachsenen Zustand bildet er 40 cm große, tellerförmige Rosetten.

ANBAU / PFLEGE: Da Pak Choi im Sommer zum Schießen neigt, wird er erst ab August direkt in das Beet gesät. Für den Winteranbau unter Glas erfolgt die Aussaat ab Anfang Oktober. Mit Vorkultur ist der Anbau auch im Frühjahr möglich. Während des Wachstums müssen die Pflanzen gut feucht gehalten werden, im Winter dagegen eher trocken.
ERNTEVERLÄNGERUNG: Im Frühbeetkasten oder kalten Gewächshaus kann Pak Choi den ganzen Winter über geerntet werden.
SCHÄDLINGE UND KRANKHEITEN: Blattläuse, Erdflöhe
GUTE SORTEN: 'Green Fortune', 'White Celery'
ERNTE UND LAGERUNG: Wenn Pak Choi eine Höhe von rund 10 cm erreicht hat, erntet man die zarten Blätter. Als Babyleafsalat ist er schon vier Wochen nach der Aussaat erntereif. Die druckempfindlichen Blätter lassen sich nicht lagern, sondern müssen zügig verwertet werden.
VERWENDUNG: Junge Blätter sind würzig und leicht bitter im Geschmack. Sie werden zu Salaten verarbeitet. Ausgewachsener Pak Choi kann ähnlich wie Mangold oder frischer Spinat zubereitet werden und schmeckt auch gedünstet in asiatischen Gerichten aus dem Wok.

RUCOLA (RAUKE)

Eruca sativa, Diplotaxis tenuifolia
Kreuzblütengewächse

Saattiefe: 1–2 cm | Reihenabstand: 20 cm

Nährstoffbedarf: mittel bis hoch
Boden: nahrhaft, humos, sandig-lehmig
Aussaat: Direktsaat für die Winterkultur Mitte September/Anfang Oktober, die Vorkultur ist möglich, Frühjahrsaussaat ab März
Kulturdauer: sechs bis sieben Wochen
Beetpartner: Kohl, Sellerie, Pastinaken

Unter dem Namen Rucola sind zwei verschiedene, aber recht ähnliche Pflanzen bekannt. Die weiß blühende Echte Salatrauke *(Eruca sativa)* ist eine alte Kulturpflanze, die vermutlich schon im Altertum genutzt wurde. Ab dem Mittelalter wurde sie auch in Mitteleuropa angebaut, erstmals vermutlich in den Klostergärten. Sie galt als Heilpflanze und ihre Samen waren als Pfefferersatz sehr beliebt. Aus den Samen wird auch Raukenöl gepresst, das zum Würzen sowie für medizinische Zwecke verwendet wird. Heute ist die Rauke eher als Salat ein Begriff. Die Wilde Rauke *(Diplotaxis tenuifolia)* blüht im Sommer gelb, hat schärfer gezähnte Blätter und schmeckt wesentlich würziger als die Echte Rauke. Rucola galt lange Zeit als typisch italienischer Salat, gehört mittlerweile aber auch bei uns in jedes Gemüseregal. Beide Arten schmecken besonders im Sommer scharf-würzig, was viele Menschen als zu intensiv empfinden. Im Winter kultivierter Rucola schmeckt wesentlich milder. Beide Arten werden ganz ähnlich angebaut.

ANBAU / PFLEGE: Rucola wächst sehr schnell, ist ergiebig und zudem auch als Wintersalat unkompliziert zu ziehen. Außerdem eignet er sich für den Anbau im Balkonkasten. Die Echte Salatrauke wächst einjährig, die Wilde Rauke mehrjährig, sie bekommt deshalb einen Dauerplatz im Beet. Beide mögen nahrhafte, feuchte Böden. Für den Winteranbau wird die Echte Salatrauke ab Ende September/Anfang Oktober ausgesät, sonst ab März in Sätzen. Während des Wachstums werden die Pflanzen gut feucht gehalten, im Winter eher trocken. Die Wilde Rauke wird Mitte September bis Oktober ins Beet gesät oder man zieht sie ab Mitte August vor und pflanzt sie zwei bis drei Wochen später.
ERNTEVERLÄNGERUNG: Beide Arten kann man für die Winterernte im Folientunnel, Frühbeetkasten oder kalten Gewächshaus anbauen.
SCHÄDLINGE UND KRANKHEITEN: Kohlfliege, Blattfleckenkrankheit
GUTE SORTEN: Bei beiden Arten wird meistens die Art angeboten. Sorten: Echte Salatrauke: 'Speedy'; Wilde Rauke: 'Dragon's Tongue' (rotlaubig)
ERNTE UND LAGERUNG: Die Blätter werden ab November gezupft oder geschnitten und können drei bis vier Tage kühl gelagert werden.
VERWENDUNG: Rucola eignet sich frisch als Beigabe für Nudelgerichte, Salate und Suppen oder auf Pizza. Gedünstet kann man die Blätter als Gemüse essen. Beim Kochen verliert Rucola seine Schärfe. Blattstiele nicht verwenden, sie können Nitrat speichern.

ECHTER SPINAT

Spinacea oleracea Gänsefußgewächse

Saattiefe: 2–4 cm | Reihenabstand: 15–30 cm

Nährstoffbedarf: mittel
Boden: feucht, humusreich
Aussaat: im Freiland ab August bis Mitte September, im Frühbeetkasten Mitte September bis Mitte Oktober, Frühjahrsaussaat ab März / April
Kulturdauer: sechs bis acht Wochen
Beetpartner: Bohnen, Radieschen, Sellerie, Kohl

Die Wildform des Spinats ist heute nicht mehr bekannt. Ein Vorläufer dieser Kulturpflanze stammt vermutlich aus Persien und wurde von den Arabern nach Spanien gebracht. Von dort aus verbreitete er sich in Europa und verdrängte die Melde als Blattgemüse.

ANBAU / PFLEGE: Spinat bildet eine dichte Blatt rosette mit sattgrünen Blättern. Er wächst rasch und bringt auch bei kühler Witterung reiche Ernte. Bei der Wahl unter den zahlreichen Sorten ist wichtig, zwischen frühen und späten Sorten zu unterscheiden und darauf zu achten, dass die gewählte Sorte möglichst schossfest und mehltautolerant ist. Für die Ernte im Herbst und Winter wird Spinat von August bis Mitte September ausgesät, im Frühbeetkasten Mitte September bis Mitte Oktober. Für die frühere Ernte erfolgt die Aussaat von Anfang März bis April im Freiland. Sommeraussaaten sind weniger sinnvoll, denn die Pflanzen kommen dann schnell zur Blüte. Spinat mag feuchte, humose Standorte mit mittlerem Nährstoffgehalt. Während des Wachstums hält man die Erde gut feucht – auch im Winter, denn die Pflanzen wachsen sogar dann noch.

ERNTEVERLÄNGERUNG: Späte Freilandsätze kann man länger ernten, wenn sie mit einem mobilen Kasten abgedeckt werden. Im Folientunnel, Frühbeetkasten oder Gewächshaus kann Spinat den ganzen Winter über geerntet werden.
SCHÄDLINGE UND KRANKHEITEN: Mehltau, Rübenminierfliege
GUTE SORTEN: früh: 'Red Cardinal'; früh und spät: 'Butterfly', 'Matador'; spät: 'Winterriesen'
ERNTE UND LAGERUNG: Die erste Winterernte erfolgt Ende Oktober. Dazu schneidet man die Blätter vorsichtig, ohne das Herz zu verletzen. So können die Pflanzen immer wieder neue Blätter bilden und mehrere Ernten sind möglich. Geschnitten wird im Winter am Nachmittag, dann enthält der Spinat weniger Nitrat. Die Blätter lassen sich zwei bis drei Tage in einem feuchten Tuch im Kühlschrank lagern. Ernteüberschüsse friert man am besten ein. Dazu muss der Spinat vorher gründlich gewaschen, geputzt und blanchiert werden.
VERWENDUNG: Spinat schmeckt frisch aus dem Garten einfach am besten. Eisen, Magnesium, pflanzliches Eiweiß und B-Vitamine machen ihn zu einem wertvollem Blattgemüse – gerade im Winter. Doch Spinat kann wie Rote Bete oder Mangold Nitrat anreichern und sollte nach dem Kochen nicht noch einmal erwärmt werden. Man kann ihn auch roh essen oder in Smoothies mixen. Junge Blätter werden Babyleafsalaten beigemengt.

Die Sorte 'Bright Lights' ist buntstielig, hier gelb.

Bringt Farbe auf den Teller: rotstieliger Mangold.

MANGOLD

Beta vulgaris ssp. *vulgaris*
Gänsefußgewächse ☼ ◑

Saattiefe: 2–4 cm | Reihenabstand: 30–40 cm

Nährstoffbedarf: mittel
Boden: feucht, humusreich
Aussaat: Juli bis September, Vorkultur ist möglich, Frühjahrsaussaat ab März / April
Kulturdauer: vier bis fünf Monate
Beetpartner: Kohl, Möhre, Rettich, Salat

Mangold ist ein uraltes Gemüse und stammt ursprünglich aus dem östlichen Mittelmeerraum. Man unterscheidet zwei Sortengruppen: den Stiel- oder Rippenmangold und den Blatt- oder Schnittmangold.

ANBAU / PFLEGE: Mangold zählt zu den zweijährigen Pflanzen, wird für die Küche aber im ersten Standjahr geerntet. Er mag feuchte, humose Böden mit eher hohem Nährstoffgehalt. Die Winteraussaat erfolgt im Juli oder Anfang August. Für die sehr späte Ernte (ab Februar) empfiehlt sich die Aussaat Mitte September im Frühbeetkasten oder Gewächshaus. Für den Sommer wird von Anfang März bis April direkt ins Freiland gesät. Im Herbst und Winter wird sparsam gewässert. Um Krankheiten zu vermeiden, wechselt man den Standort jedes Jahr.
ERNTEVERLÄNGERUNG: Mangold leidet extrem unter Temperaturschwankungen und wird bei Bedarf mit einem Frostschutzvlies oder mobilen Kasten abgedeckt. Im Frühbeetkasten oder Gewächshaus kann Mangold den ganzen Winter geerntet werden.
SCHÄDLINGE UND KRANKHEITEN: Falscher Mehltau, Blattläuse, Blattfleckenkrankheit
GUTE SORTEN: weißstielig: 'Glatter Silber', buntstielig: 'Bright Lights', 'Five Colours', 'Rainbow'; Blattmangold: 'Lucullus'
ERNTE UND LAGERUNG: Stielmangold eignet sich gut für die kontinuierliche Winterernte. Man pflückt nur die äußeren Stiele. Bei Blattmangold wird die ganze Rosette mindestens 5 cm über dem Boden abgeschnitten, um einen Neuaustrieb zu ermöglichen. Stiel- und Blattmangold kann für einige Tage kühl gelagert werden. Dazu wickelt man ihn in ein feuchtes Tuch ein.
VERWENDUNG: Stielmangold dünstet man in der Pfanne oder kocht ihn wie Spargel. Blattmangold wird roh gegessen oder wie Spinat gedünstet. Junge Blätter sind häufig Babyleaf-Salatmischungen beigemengt.

WURZEL- & KNOLLEN-GEMÜSE

Wurzeln und Knollen galten lange als Arme-Leute-Essen. Von wegen! Sie schmecken köstlich und enthalten wichtige Nährstoffe in hoher Konzentration.

RADIESCHEN

Raphanus sativus var. *sativus*
Kreuzblütengewächse ☼ ◑
Saattiefe: 1,5–2 cm | Reihenabstand: 10–20 cm

Nährstoffbedarf: mittel
Boden: nahrhaft, humos, aber durchlässig
Aussaat: für die Winterernte August bis Ende September; frühe Sorten ab März / April
Kulturdauer: sechs bis acht Wochen
Beetpartner: Kohl, Möhren, Rettich, Salat

Die Herkunft der Radieschen ist unklar. In Europa haben sie sich erst im 16. Jahrhundert etabliert. Sie wachsen sehr schnell und bilden eine rote, etwa 4 cm dicke Speicherknolle, die scharf schmeckt. Sie eignen sich als Vor-, Zwischen- und Nachfrucht im Gemüsebeet. Besonders wichtig ist, für die jeweilige Jahreszeit passende Sorten zu wählen, sonst blühen die Pflanzen schnell und die Radieschen sind nicht mehr genießbar.

ANBAU / PFLEGE: Radieschen bevorzugen tiefgründige, humose und durchlässige Böden. Da sie zur Anreicherung von Nitrat neigen, sollte man gerade für den Winteranbau auf Mineraldünger verzichten. Ausgesät wird für die Herbst- und Winterernte ab August bis Ende September. Die großen Samen werden mit 5–7 cm Abstand direkt in die Reihe gelegt. Während des Wachstums muss man Radieschen gleichmäßig feucht halten, sonst werden sie holzig. Dabei hilft eine dünne Mulchschicht. Eine Netzabdeckung beugt starkem Schädlingsbefall vor.
ERNTEVERLÄNGERUNG: Späte Sätze schützt man mit einem Vlies vor Frost oder sät sie direkt im Frühbeetkasten oder Gewächshaus aus.
SCHÄDLINGE UND KRANKHEITEN: Erdflöhe, Kohlfliege, Raupen
GUTE SORTEN: Frühlings- und Herbstanbau: 'Eiszapfen', 'Marike', 'Bunte Mischung'; Sommeranbau: 'Cherry Belle', 'Parat', 'Rudi', 'Sora'
ERNTE UND LAGERUNG: Ernte im Freiland von Oktober bis November, unter Vlies von November bis Dezember. Rechtzeitig ernten, sonst werden die Radieschen holzig. Sie halten sich ohne Laub fünf bis sieben Tage im Kühlschrank.
VERWENDUNG: Radieschen schmecken frisch auf Butterbrot oder im Salat.

Gut zum Lagern: 'Runder schwarzer Winter'.

Weißer Rettich bildet in der Regel lange Pfahlwurzeln.

RETTICH

Raphanus sativus Kreuzblütengewächse ☼

Saattiefe: 2–3 cm | Reihenabstand: 25 cm

Nährstoffbedarf: mittel
Boden: nahrhaft, humos, aber durchlässig
Aussaat: August bis September, frühe Sommersorten ab März/April
Kulturdauer: drei bis vier Monate
Beetpartner: Bohnen, Kohl, Möhren, Salat

Der Rettich stammt aus Ägypten und eroberte von dort aus den Mittelmeerraum und China. Bei uns wurde er im Mittelalter eingeführt und erstmals in den Klostergärten angebaut. Unter dem Namen Radi gilt er als traditionelle bayerische und österreichische Spezialität. Es gibt Sorten mit weißer und solche mit dunkler Schale.

ANBAU/PFLEGE: Rettich wird von August bis Anfang September direkt in das Freiland gesät, in den Frühbeetkasten oder im Gewächshaus bis Mitte September. Frühe Sommersorten werden ab März/April gesät. Alle Rettiche bevorzugen nahrhafte, durchlässige Böden, vertragen aber keinen halbverrotteten Kompost oder frischen Dung. Die Samen keimen sehr schnell und können direkt im Endabstand von 10–15 cm gesät oder später ausgedünnt werden.

ERNTEVERLÄNGERUNG: Rettich bleibt lange im Beet stehen und verträgt auch die ersten kalten Nächte ohne Probleme. Ein Vlies verlängert die Erntezeit. Wird es sehr kalt, gräbt man ihn aus und lagert ihn.

SCHÄDLINGE UND KRANKHEITEN: Kohlfliege, Rettichschwärze (Pilzerkrankung)

GUTE SORTEN: 'Münchener Bier' (weiß), 'Runder Schwarzer Winter' (schwarz), 'Rex' (weiß), 'Neptun' (weiß)

ERNTE UND LAGERUNG: Rettiche werden im November/Dezember geerntet und frisch gegessen. Zum Einlagern gräbt man sie im November aus, bürstet die Erde ab und lagert sie in der Erdmiete, im Frühbeetkasten oder im Keller frostfrei ein. Für die Lagerung sind Schwarze Rettiche (var. *niger*) besonders geeignet, da sie eine sehr feste Haut bilden. Im Frühbeetkasten oder Gewächshaus können Rettiche von November bis Januar geerntet und frisch verzehrt werden. Rettiche halten sich in feuchtes Küchentuch gewickelt einige Tage im Kühlschrank.

VERWENDUNG: In der Küche schneidet man Rettich in Scheiben oder raspelt ihn und verzehrt ihn meist roh.

ROTE BETE

Beta vulgaris var. *vulgaris*
Gänsefußgewächse ☼ ◑
Saattiefe: 2–3 cm | Reihenabstand: 25–35 cm

Nährstoffbedarf: mittel
Boden: humos, aber durchlässig
Aussaat: Juni bis Juli, für die Sommerernte im April
Kulturdauer: fünf Monate
Beetpartner: Bohnen, Kohl, Sellerie, Salat

Die Rote Bete ist wie Zuckerrübe und Mangold eine Kulturform der Gemeinen Rübe. Sie stammt aus dem Mittelmeerraum und kam wohl mit den Römern zu uns. Rote Bete gibt es heute in vielen Sorten, sie ist wegen ihres hohen Gehalts an Folsäure, Kalium, Vitamin B und Eisen ein wichtiger Bestandteil der gesunden Ernährung.

ANBAU / PFLEGE: Rote Bete sät man direkt im Freiland aus, sie gibt sich auch mit weniger fruchtbaren Böden zufrieden. Ausgesät wird mit 5–10 cm Abstand zwischen Juni und Ende Juli, für die Sommerernte im April. Aus jedem Samenkorn wachsen drei bis vier Keimlinge, die nicht vereinzelt werden müssen. Gleichmäßig feucht halten, sonst bleiben die Rüben klein und werden holzig.

'Alto F1' bildet intensiv gefärbte Rüben.

Rot-weiß geringelt: 'Tondo di Chioggia'.

ERNTEVERLÄNGERUNG: Späte Sätze schützt man mit einem Vlies vor Frost oder sät sie direkt im Frühbeetkasten oder Gewächshaus aus.
SCHÄDLINGE UND KRANKHEITEN: Blattfleckenkrankheit, Mehltau
GUTE SORTEN: 'Alto F1' (rot, länglich), 'Tondo di Chioggia' (rund, rot-weiß geringelt), 'Forono' (rot, länglich), 'Crapaudine' (länglich, geringelt), 'Burpees Golden' (rund, gelb, dunklere Schale)
ERNTE UND LAGERUNG: Im Freiland erntet man vor dem ersten Frost. Die Knollen dürfen bei der Ernte nicht beschädigt werden. Von Blättern befreit halten sie sich dann im kühlen Keller oder in Kisten mit Sand bedeckt etwa drei bis vier Monate frisch.
VERWENDUNG: Am besten schmecken junge Rüben. Rote Bete wird roh oder gekocht als Saft, in Suppen, als Salat oder als Gemüse verzehrt. Junge Blätter gibt man in Babyleafsalate oder isst sie wie Spinat (→ Seite 105).

MÖHRE

Daucus carota Doldenblütengewächse

Saattiefe: 1–2 cm | Reihenabstand: 15–20 cm

Nährstoffbedarf: mittel
Boden: tiefgründig, humusreich
Aussaat: Lagermöhren im Juni, Bundmöhren von Juli bis August; Frühjahrsanbau von März bis Juni
Kulturdauer: fünf Monate, im Sommer drei
Beetpartner: Dill, Erbsen, Lauch, Mangold, Zichoriensalate

Möhren, auch unter den Namen Karotten oder Gelbe Rüben bekannt, zählen zu den wichtigsten Gemüsearten im Hausgarten. Schon die Griechen verwendeten die Möhre als Gemüse und auch als Heilpflanze. Im Lauf der Zeit entstanden verschiedene Varianten. Orangefarbene Möhren wurden wahrscheinlich in den Niederlanden entwickelt, erste Beschreibungen stammen vom Anfang des 18. Jahrhunderts. Heute hat man die Wahl zwischen zahlreichen verschiedenen Sorten: Frühe und späte, kugelige oder lange, dicke oder dünne Formen. Und neben den orangeroten Möhren gibt es noch weiße, gelbe oder violette Sorten. Seit den 1970er-Jahren sind auch Babykarotten auf dem Markt.

Möhren sind je nach Sorte unterschiedlich gefärbt.

ANBAU / PFLEGE: Möhren lieben tiefgründige, humose Böden, die vor der Aussaat nicht frisch gedüngt werden sollten. Es gibt frühe und späte Sorten sowie Sommersorten. Für den Winteranbau kommen nur Sorten infrage, die für den Spätherbst oder das zeitige Frühjahr entwickelt wurden. Sie sind kältetolerant und haben meist eine kurze Kulturzeit. Es gibt zwei unterschiedliche Verfahren des Winteranbaus. Entweder sät man Lagermöhren, die im Spätherbst geerntet und eingelagert werden, oder man sät Bundmöhren im Frühbeetkasten oder im Gewächshaus aus, die dann frisch verzehrt werden. Lagermöhren werden Anfang bis Mitte Juni im Reihenabstand von 20 cm direkt in das Freiland gesät und später auf 3–5 cm Abstand vereinzelt. Für die frische Winterernte werden Bundmöhren spätestens im August gesät, dann reicht die Kulturzeit noch für genügend Zuwachs. Diese Sätze bleiben viel kleiner, und es genügt ein Reihenabstand von 15 cm. Die Saatreihen sollte man mit Radieschensamen markieren, denn Möhren keimen sehr langsam und die jungen Keimlinge können beim Hacken schnell übersehen werden. Stehen die Möhren nach dem Keimen zu dicht, werden sie später auf 3–5 cm Abstand vereinzelt. Während die Möhren wachsen, darf der Boden niemals austrocknen, sonst können die Wurzeln später platzen.

ERNTEVERLÄNGERUNG: Lagermöhren bleiben lange im Beet stehen und vertragen dort auch die ersten leichten Fröste. Ein Frostschutzvlies kann die Erntezeit verlängern. Bevor Dauerfrost (-5 °C) kommt, werden alle Möhren ausgegraben und an einem frostfreien Ort in Sand gelagert. Bundmöhren für den frischen Verzehr im Winter wachsen am besten in Frühbeetkästen oder kalten Gewächshäusern. Eine weitere Möglichkeit ist der Freilandanbau mit Frostschutz durch mobile Kästen.

Zur Ernte zieht man Möhren mit Kraut heraus.

Das Sandbett hält die Wurzeln feucht und lange frisch.

SCHÄDLINGE UND KRANKHEITEN: Möhrenfliege, Möhrenfäule (Pilzerkrankung)

ERNTE UND LAGERUNG: Für den Frischverzehr erntet man Möhren kurz vor der eigentlichen Reife direkt aus dem Beet. Lagermöhren bleiben im Beet, bis sich die Blattspitzen verfärbt haben. Dann erntet man die Wurzeln unverletzt, befreit sie von Blättern und lagert sie im kühlen Keller oder in Kisten vollständig mit Sand bedeckt. So halten sie sich drei bis vier Monate.

VERWENDUNG: Möhren schmecken sehr gut als knackige Rohkost, gedünstet als Gemüse oder als Suppe. Im Winter sind sie eine sehr bekömmliche Beilage zu den verschiedensten Fleischgerichten. Egal, ob man sie als Salat oder als Gemüse verzehrt – in jedem Fall sollte man ein paar Tropfen Pflanzenöl oder ein wenig Butter an die Möhren geben, damit der Körper die gesundheitsfördernden Carotinoide besser aufnehmen kann.

MÖHRENSORTEN IM ÜBERBLICK

TYP	SORTE	EIGENSCHAFTEN
früh (geeignet als Bundmöhren für den Winteranbau)	'Amsterdamer'	Bundkarotte, orange, lange, schmale Wurzeln, niedriger Wärmebedarf
	'Duwiker'	kurz, kreiselförmig, hellorange, dick, aromatisch
	'Pariser Markt'	schnellwüchsig, orange, rund, aromatisch
früh bis mittelfrüh	'Miranda'	gesund, kräftig, orange, Bundmöhre
spät	'Colorada'	schnellwüchsig, bunt, keilförmig, aromatisch
	'Pfälzer Gelbe'	lang, zylindrisch, intensiver Geschmack
	'Purple Haze'	violettfarben, innen orange, kräftig im Geschmack
	'Red Samurai'	lang, tieforange, gut lagerfähig, sehr aromatisch
	'Rothild'	robust, kräftig orange, lang, ertragreich aromatisch

PASTINAKE

Pastinaca sativa Doldenblütengewächse ☼

Saattiefe: 2–3 cm | Reihenabstand: 40 cm

ANBAU / PFLEGE: Pastinaken werden ab März oder April direkt in das Freiland gesät und später auf 10 cm Abstand vereinzelt.
ERNTEVERLÄNGERUNG: Pastinaken können im Winter im Beet stehen, sie vertragen auch Frost.
SCHÄDLINGE UND KRANKHEITEN: Möhrenfliege
GUTE SORTEN: 'Aromata', 'Dicke Dirn', 'Halblange Weiße', 'White King'
ERNTE UND LAGERUNG: Geerntet wird ab September. Pastinaken können im Beet überwintern und werden bei Bedarf frisch geerntet. Ein Schutzvlies erleichtert die Ernte bei Frost und Schnee, oder man gräbt die Rüben aus und lagert sie in Sand ein.
VERWENDUNG: Man isst die würzigen Wurzeln als Rohkost, gekocht als Gemüsebeilage oder in Suppen.

WURZELPETERSILIE

Petroselinum crispum var. *tuberosum*

Doldenblütengewächse ☼

Saattiefe: 2–3 cm | Reihenabstand: 30 cm

ANBAU / PFLEGE: Wurzelpetersilie wird im März oder April direkt in das Freiland gesät und später auf 5 cm Abstand vereinzelt. Der Standort muss in jedem Jahr gewechselt werden.
ERNTEVERLÄNGERUNG: Wurzelpetersilie kann im Beet überwintern und verträgt Fröste.
SCHÄDLINGE UND KRANKHEITEN: Möhrenfliege, Blattflecken
GUTE SORTEN: 'Halblange', 'Osborne'
ERNTE UND LAGERUNG: Wurzelpetersilie wird bei Bedarf von Juli bis Dezember frisch geerntet. Alternativ erntet man die Wurzeln im Spätherbst und lagert sie in Sand ein.
VERWENDUNG: Die Wurzeln sind ein gesundes Gewürz für Suppen und Soßen.

KNOLLENSELLERIE

Apium graveolens

Doldenblütengewächse ☼ ◑

Saattiefe: 0,5 cm | Pflanzabstand: 40 × 40 cm

Nährstoffbedarf: hoch
Boden: nahrhaft, humos, aber durchlässig
Aussaat: für den Winteranbau mit Vorkultur Aussaat ab Mai und Pflanzung im Juni, im Freiland Aussaat im Juni; für den Sommeranbau ab März
Kulturdauer: fünf bis sechs Monate
Beetpartner: Buschbohnen, Brokkoli, Lauch, Tomaten

Junges Selleriekraut ist ein feines Suppengewürz.

Sellerie war schon in der Antike beliebt. Bei uns wurde die würzige Knolle erstmals in den Klostergärten des Mittelalters angebaut und genoss in der Küche und als Heilpflanze hohes Ansehen.

ANBAU / PFLEGE: Für den Winteranbau wird Sellerie ab Juni direkt im Beet ausgesät, für die Vorkultur im Mai. Die Pflänzchen werden mit 40 × 40 cm Abstand gesetzt oder verzogen. Sehr späte Sätze können enger stehen. Für die Sommerernte wird Sellerie schon ab Februar vorgezogen und im April/Mai ausgepflanzt. Während des Wachstums benötigt Sellerie viel Feuchtigkeit und ist für eine Extragabe Kaliumdünger (Gemüse- oder Tomatendünger) im September sehr dankbar.

Die Knollen haben Zuwachs bis in den Spätherbst.

ERNTEVERLÄNGERUNG: Abdecken mit Vlies oder Laub kann die Erntezeit im Winter stark verlängern.

SCHÄDLINGE UND KRANKHEITEN: Blattfleckenkrankheit, Sellerieschorf, Selleriefliege, Bakterienfäule.

GUTE SORTEN: 'Saxa', 'Balder', 'Monarch'

ERNTE UND LAGERUNG: Knollensellerie kann von November bis Dezember geerntet werden. Die Knollen werden ausgegraben, von Blättern befreit und frisch verzehrt. Unverletzte Knollen können im Keller in Sand eingelagert werden.

VERWENDUNG: Knollensellerie ist ein herzhaftes Gemüse und zudem unverzichtbarer Bestandteil von Suppengrün. In der Volksheilkunde wird er bei rheumatischen Beschwerden, Blasen- und Nierenleiden sowie Verdauungsstörungen angewendet. Auch eine aphrodisierende Wirkung sagt man ihm nach.

Mairübchen schmecken roh am besten.

Herbstrüben sind Gemüseklassiker für Herbst und Winter.

SPEISERÜBEN

Brassica rapa ssp. *rapa*
Kreuzblütengewächse ☼
Saattiefe: 2–3 cm | Reihenabstand: 20–30 cm

Nährstoffbedarf: mittel
Boden: tiefgründig, humusreich
Aussaat: für den Winteranbau August bis September
Kulturdauer: drei bis vier Monate
Beetpartner: Pastinaken, Kohl, Sellerie, Salat

Speiserüben stammen von wilden Rübsen ab und sind uralte Kulturpflanzen. In Fernost entstanden aus dem Ackerunkraut Chinakohl und Pak Choi, bei uns Speiserüben in zahlreichen Farben und Formen. Am bekanntesten sind die weißen Mairüben. Sie sehen aus wie weiße Radieschen, schmecken scharf und können, anders als ihr Name vermuten lässt, nicht nur im Frühjahr, sondern auch noch im Herbst angebaut werden. Außerdem gibt es großknollige, teilweise violett gefärbte Herbst- oder Stoppelrüben sowie das berühmte Teltower Rübchen. Weniger bekannt ist Stielmus oder Rübstiel. Dabei handelt es sich um die jungen gestielten Blätter der Speiserübe, die wie Spinat als Blattgemüse zubereitet werden können.

ANBAU / PFLEGE: Speiserüben sind recht winterfest, man kann sie von Mitte August bis September aussäen. Nach dem Auflaufen werden die Sämlinge auf 20 cm Abstand vereinzelt. Gut mit Wasser versorgen, sonst werden sie holzig.
ERNTEVERLÄNGERUNG: Ein Frostschutzvlies kann die Erntezeit im Freiland verlängern. Anbau auch unter Glas möglich.
SCHÄDLINGE UND KRANKHEITEN: Erdflöhe, Kohlfliegen
GUTE SORTEN: Anbau unter Glas: 'Snowball', 'Teltower Rübchen'; Sommer- und Herbst: 'Di Milano a colletto viola', 'Goldball'
ERNTE UND LAGERUNG: Speiserüben können geerntet werden, sobald sie die gewünschte Größe erreicht haben. Sie können bis zum Spätherbst im Beet bleiben und werden vor dem ersten Frost ausgegraben und in der Erdmiete oder im Sandbett eingelagert. Dazu werden alle Blätter und das Herz entfernt.
VERWENDUNG: Speiserüben passen gut zu Fleischgerichten. Man schält sie, würfelt sie und kocht sie in Salzwasser. So gekocht lassen sie sich auch zu Püree verarbeiten.

STECKRÜBE

Brassica napus ssp. *rapifera*

Kreuzblütengewächse ☼

Saattiefe: 2–3 cm | Reihenabstand: 40 cm

ANBAU / PFLEGE: Die Aussaat erfolgt im Mai oder Juni, die Jungpflanzen werden später auf 20 cm Abstand vereinzelt. Während der Knollenbildung muss man die Rüben gleichmäßig feucht halten.
ERNTEVERLÄNGERUNG: Ein Frostschutzvlies kann die Erntezeit verlängern.
SCHÄDLINGE UND KRANKHEITEN: Erdflöhe, Kohlweißlinge
GUTE SORTEN: 'Wilhelmsburger', 'Hoffmanns Gelbe', 'Niko'
ERNTE UND LAGERUNG: Steckrüben erntet man ab September frisch. In milden Regionen können sie im Beet überwintern. Vor Frostperioden gräbt man sie aus und lagert sie in Sand ein.
VERWENDUNG: Gedünstet als Gemüse.

SCHWARZWURZEL

Scorzonera hispanica

Korbblütengewächse ☼

Saattiefe: 2 cm | Reihenabstand: 20–25 cm

ANBAU / PFLEGE: Schwarzwurzeln wachsen auf durchlässigen, nährstoffreichen und frischen Böden. Sie werden ab April direkt gesät und später auf 10 cm Abstand vereinzelt.
ERNTEVERLÄNGERUNG: Schwarzwurzeln bleiben lange im Beet und vertragen Frost. Ein Vlies erleichtert die Ernte bei Frost und Schnee.
SCHÄDLINGE UND KRANKHEITEN: Mehltau, Wühlmäuse
GUTE SORTEN: 'Hoffmanns Schwarze Pfahl', 'Russische Riesen', 'Schwarzer Peter'
ERNTE UND LAGERUNG: Ernte ab Oktober den Winter über, oder im Herbst in Sand einlagern.
VERWENDUNG: Die Wurzeln kocht man in Suppen oder isst sie als Gemüse.

TOPINAMBUR

Helianthus tuberosus
Korbblütengewächse ☼ ◑
Pflanztiefe: 10 cm | Pflanzabstand: 75 × 30 cm

ANBAU / PFLEGE: Der mehrjährige Topinambur ist anspruchslos und mag sehr nährstoffreiche Böden. Die Knollen werden im März / April geteilt und eingepflanzt.
ERNTEVERLÄNGERUNG: Topinambur ist völlig winterhart.
SCHÄDLINGE UND KRANKHEITEN: Echter und Falscher Mehltau, Wühlmäuse
GUTE SORTEN: 'Gigante', 'Gute Gelbe', 'Topstar'
ERNTE UND LAGERUNG: Die Ernte erfolgt ab Spätherbst den ganzen Winter über. Vor Frostperioden gräbt man die Knollen aus, reinigt sie und lagert sie in kühlen Räumen oder in Sand.
VERWENDUNG: Topinambur wird als Rohkost und als Gemüse gegessen.

KNOLLENZIEST

Stachys affinis Lippenblütengewächse ☼
Pflanztiefe: 5 cm | Pflanzabstand: 30 × 50 cm

ANBAU / PFLEGE: Man teilt die Knollen im März / April und pflanzt sie mit ungefähr 30 × 50 cm Abstand. Sobald sie austreiben, häufelt man sie etwas an.
ERNTEVERLÄNGERUNG: Knollenziest ist völlig winterhart. Eine Abdeckung aus Laub oder ein Frostschutzvlies hält den Boden länger frostfrei und kann die Erntezeit verlängern.
SCHÄDLINGE UND KRANKHEITEN: Virosen
GUTE SORTEN: Meist findet man nur die Art.
ERNTE UND LAGERUNG: Ernte ab Spätherbst den ganzen Winter über. Die Knollen sind nicht lange lagerfähig, nach der Ernte sollte man sie rasch verbrauchen.
VERWENDUNG: Knollenziest wird als Rohkost und als Gemüse gegessen.

ERDMANDEL

Cyperus esculentus Sauergrasgewächse ☼

Pflanztiefe: 2–3 cm | Pflanzabstand: 30 × 30 cm

ANBAU / PFLEGE: Erdmandeln mögen lockere, sandige Böden. Die Knollen werden im April einige Stunden in warmem Wasser eingeweicht und in Töpfen vorgezogen. Die Pflanzung erfolgt ab Mai.
ERNTEVERLÄNGERUNG: Erdmandeln sind völlig winterhart. Eine Abdeckung aus Laub oder ein Frostschutzvlies hält den Boden länger frostfrei und kann die Erntezeit verlängern.
SCHÄDLINGE UND KRANKHEITEN: Wühlmäuse
GUTE SORTEN: Meist findet man nur die Art.
ERNTE UND LAGERUNG: Die Ernte erfolgt ab Spätherbst den ganzen Winter über. Erdmandeln lassen sich in kühlen Räumen lagern.
VERWENDUNG: Frisch für Erfrischungsgetränke, oder sie werden getrocknet zu Flocken verarbeitet.

ZUCKERWURZEL

Sium sisarum

Doldenblütengewächse ☼ ◑

Saattiefe: 2–3 cm | Reihenabstand: 30 cm

ANBAU / PFLEGE: Aussaat ab März in Vorkultur, ab April im Freiland. In Hitzephasen muss man Zuckerwurzeln gießen. Sie sind mehrjährig, im ersten Jahr sind die Wurzeln am zartesten.
ERNTEVERLÄNGERUNG: Zuckerwurzeln sind völlig winterhart. Eine Abdeckung mit Laub oder einem Frostschutzvlies verlängert die Erntezeit.
SCHÄDLINGE UND KRANKHEITEN: Wühlmäuse
GUTE SORTEN: Meist findet man nur die Art.
ERNTE UND LAGERUNG: Ab Spätherbst den Winter über. Oder man gräbt die Wurzeln aus und reinigt und lagert sie kühl oder in Sand.
VERWENDUNG: Zuckerwurzeln werden als Rohkost und als Gemüse gegessen.

ZWIEBELN & CO

Zwiebeln und andere Lauchgewächse sind seit Jahrtausenden aus der Küche nicht wegzudenken. Auch in der Heilkunde sind sie sehr geschätzt.

KÜCHENZWIEBEL

Allium cepa Amaryllisgewächse ☼

Saattiefe: 1–2 cm | Reihenabstand: 20 cm

Nährstoffbedarf: mittel
Boden: nahrhaft, humos, durchlässig
Aussaat: Winterzwiebeln im August, die Vorkultur ist möglich; sonst Februar/März, Steckzwiebeln im April, Aussaat im Oktober
Kulturdauer: sechs bis acht Monate
Beetpartner: Möhren, Rote Bete, Kräuter

Die Herkunft der Küchenzwiebeln ist unbekannt. Es gibt zahlreiche Kulturformen, die sich nicht nur in Farbe und/oder Form stark unterscheiden, sondern auch im Geschmack und in der Schärfe. Im Handel finden wir fast immer rote und weiße runde Sorten.

ANBAU/PFLEGE: Je nach Anbaumethode wird zwischen Winterzwiebeln und Sommerzwiebeln unterschieden. Die etwas saftigeren und milderen Winterzwiebeln sät man im August. Sie überwintern im Beet und werden im folgenden Frühjahr geerntet. Sommerzwiebeln für die Lagerung werden ab Februar/März in Reihen gesät oder gepflanzt. Steckzwiebeln steckt man im April mit 15 cm Abstand oder sät sie im Oktober. Alle Zwiebeln sind sehr einfach auszusäen, allerdings dauert die Kultur der Saatzwiebeln recht lange. Zwiebeln muss man während des Wachstums gleichmäßig feucht halten.

ERNTEVERLÄNGERUNG: Winterzwiebeln schützt man durch Abdecken mit Vlies oder Laub vor strengen Frösten.
SCHÄDLINGE UND KRANKHEITEN: Zwiebelfliege, Lauchminierfliege, Rostpilze, Mehltau
GUTE SORTEN: 'Braunschweiger Blutrote', 'Stuttgarter Riesen', 'Sturon', 'Robelia'
ERNTE UND LAGERUNG: Winterzwiebeln werden von Mai bis Juni geerntet und frisch verzehrt. Sommerzwiebeln erntet man von August bis September, sobald das Laub trocken ist, und lagert die trockenen Zwiebeln kühl ein. Sind sie noch feucht, sollte man sie vor dem Einlagern unbedingt nachtrocknen lassen.
VERWENDUNG: Zwiebeln sind eine würzige, unverzichtbare Zutat in vielen Gerichten. Sie wirken positiv auf das Verdauungssystem.

Typisch Frühlingszwiebel: die Röhrenblätter.

Rote Frühlingszwiebeln geben Salaten besonderen Pfiff.

FRÜHLINGSZWIEBEL

Allium cepa var. *cepa*

Amaryllisgewächse ☼

Saattiefe: 1–2 cm | Reihenabstand: 20–25 cm

Nährstoffbedarf: mittel
Boden: nahrhaft, humos, aber durchlässig
Aussaat: für die Winterernte Ende Juli bis Mitte August, sonst im März
Kulturdauer: vier bis sechs Monate
Beetpartner: Möhren, Rote Bete, Salat

Frühlingszwiebeln sind unter verschiedenen Namen bekannt, etwa auch als Bund- oder Lauchzwiebeln. Es sind Sorten aus der Gruppe der Küchenzwiebeln. Sie bilden deutlich sichtbare Zwiebeln aus, sind recht frosthart und können mit etwas Regenschutz den ganzen Winter im Freiland bleiben.

ANBAU / PFLEGE: Frühlingszwiebeln bevorzugen nahrhafte, humose und durchlässige Böden, die wenig mit Stickstoff gedüngt werden. Die Aussaat erfolgt für die Winterernte von Juli bis Mitte August, ansonsten ab März. Die letzten Sätze überwintern im Garten und können im März geerntet werden. Nach dem Auflaufen werden die Pflanzen auf 2–3 cm Abstand vereinzelt. Regelmäßiges Gießen fördert das Wachstum, es muss Anfang Oktober allerdings eingestellt werden, um Krankheiten zu vermeiden.

ERNTEVERLÄNGERUNG: Größere Regenmengen und auch Frostperioden schaden den Frühlingszwiebeln. Im Herbst und Winter werden Folientunnel oder mobile Kästen über die Zwiebelreihen gestellt. So stehen die Zwiebeln trocken und bleiben gesund.

SCHÄDLINGE UND KRANKHEITEN: Zwiebelfliege, Lauchminierfliege, Rostpilze, Mehltau

GUTE SORTEN: 'Ishikura Long White', 'Lange Rote', 'Negaro'

ERNTE UND LAGERUNG: Die Sommeraussaaten werden den ganzen Herbst und Winter über geerntet, früh gesäte Zwiebeln ab Mai. Frühlingszwiebeln lassen sich kurze Zeit kühl lagern.

VERWENDUNG: Frühlingszwiebeln werden in Ringe geschnitten frisch in Salate gegeben, oder man würzt mit ihnen Suppen und Gemüsegerichte. Am besten schmecken frische Frühlingszwiebeln ganz klein gehackt auf einem Butterbrot. Häufig werden sie auch als Schnittzwiebeln geerntet. Dazu wird das Laub etwa 5 cm über dem Boden abgeschnitten und ähnlich wie Schnittlauch verwendet.

WINTERHECKENZWIEBEL

Allium fistulosum Amaryllisgewächse

Saattiefe: 1–2 cm | Pflanzabstand: 30 × 30 cm

Nährstoffbedarf: mittel
Boden: nahrhaft, humos, aber durchlässig
Aussaat: im April, Vorkultur ab März möglich; Wurzelteilung im Herbst
Kulturdauer: sechs Monate, mehrjähriger Anbau ist möglich
Beetpartner: Möhren, Rote Bete, Salat

Die Winterheckenzwiebel ist eine uralte Kulturpflanze und stammt aus Ostasien. Sie bildet kräftige Stöcke, aber keine Speicherorgane. Die sattgünen Blätter sind innen hohl und werden bis zu 40 cm lang.

ANBAU / PFLEGE: Winterheckenzwiebeln bevorzugen nahrhafte, humose und durchlässige Böden, die wenig mit Stickstoff gedüngt werden. Die Aussaat erfolgt ab März in Vorkultur, die

Die Blüten dieser Zwiebel sind essbar.

Winterheckenzwiebeln stehen über Jahre im Beet.

Freilandaussaat ab April. Jungpflanzen werden mit 30 × 30 cm Abstand gepflanzt und können mehrere Jahre im Garten stehen. Im Herbst werden die Wurzelstöcke bei Bedarf geteilt und an eine neue Stelle gepflanzt. Regelmäßiges Gießen fördert das Wachstum der Jungpflanzen, ältere Pflanzen können trockener stehen. Das Gießen muss im Herbst eingestellt werden.
ERNTEVERLÄNGERUNG: Winterheckenzwiebeln sind mehrjährig. Sie können im Freiland überwintern und lange geerntet werden. Die Ernteverfrühung im Spätwinter ist durch die Abdeckung mit Glocken möglich.
SCHÄDLINGE UND KRANKHEITEN: Zwiebelfliege, Lauchminierfliege, Rostpilze, Mehltau
GUTE SORTEN: ‘Braunschalige’, ‘Rein Weiß’
ERNTE UND LAGERUNG: Früh gesäte Winterheckenzwiebeln können schon ab August geerntet werden, wenn die Blätter etwa 20 cm lang sind. Weil Letztere immer wieder nachwachsen, kann man sie den Winter über ernten. Sie lassen sich fünf bis sieben Tage kühl lagern.
VERWENDUNG: Besonders lecker ist der erste Austrieb. Die aromatischen Röhrenblätter schmecken frisch in Salaten oder auf einem Butterbrot. Sie passen aber auch gut als würzige Zutat in Suppen oder Gemüsegerichte.

Typisch: blaugrüne, scharf schmeckende Blätter.

Lauch zieht man am besten vor und pflanzt ihn später.

LAUCH (PORREE)

Allium porrum Amaryllisgewächse

Saattiefe: 1–2 cm | Pflanzabstand: 40 × 15 cm

Nährstoffbedarf: hoch
Boden: nahrhaft, tiefgründig, feucht
Aussaat: für die Winterernte April bis Mai, sonst Februar / März, die Vorkultur ist sinnvoll
Kulturdauer: fünf bis sieben Monate
Beetpartner: Möhren, Sellerie, Tomaten, Kohl und Salat

Lauch, auch Porree genannt, ist eine Kulturform des Ackerlauchs. Er wird seit Jahrtausenden im Mittelmeerraum angebaut. Bei uns kann er fast ganzjährig gepflanzt und geerntet werden. Das kräftige Gemüse schmeckt am allerbesten frisch aus dem Garten.

ANBAU / PFLEGE: Lauch bevorzugt nährstoffreiche und tiefgründige, feuchte Böden und wird in Sommer- oder Wintersorten ausgesät. Im jungen Stadium wächst Lauch sehr langsam, daher ist die Vorkultur sinnvoll. Wintersorten werden im April oder Mai ausgesät, Sommersorten ab Februar / März. Nach dem Auflaufen werden die Jungpflanzen möglichst tief pikiert. Vor der Pflanzung lockert man den Boden tief und versorgt ihn mit reichlich Kompost. Dann setzt man im Mai / Juni die Jungpflanzen mit 15 cm Abstand 8–15 cm tief in die Erde und häufelt sie mehrfach an. Lauch ist ein Starkzehrer und für jede zusätzliche Düngung sehr dankbar.

ERNTEVERLÄNGERUNG: Lauch ist völlig winterhart und kann den ganzen Winter über geerntet werden. Die Abdeckung mit Laub oder einem Frostschutzvlies hält den Boden länger frostfrei und vereinfacht die Ernte.

SCHÄDLINGE UND KRANKHEITEN: Zwiebelfliege, Lauchminiermotte, Rostpilze

GUTE SORTEN: Herbstanbau: 'Haldor', 'Herbstriesen'; Winteranbau: 'Blaugrüner Winter', 'D' Hiver de Saint-Victor', 'Frezo'; Sommeranbau: 'Hilari', 'Schweizer Riesen'

ERNTE UND LAGERUNG: Lauch erntet man im Winterhalbjahr von November bis März. In sehr rauen Gegenden lagert man ihn ein. Dazu gräbt man die Stangen aus, stellt sie senkrecht dicht an dicht in eine Erdmiete und deckt sie mit Laub und Erde ab.

VERWENDUNG: Lauch ist eines der beliebtesten Wintergemüse und wird als Suppengrün, Gemüse oder auch Salat sehr geschätzt. Er enthält viele gesunde Inhaltsstoffe wie Eisen, Kalium und Vitamin C. Wegen seiner ätherischen Öle und Scharfstoffe wirkt Lauch verdauungsfördernd und entzündungshemmend und wird in der Volksheilkunde sehr geschätzt.

KNOBLAUCH

Allium sativum Amaryllisgewächse ☼

Pflanztiefe: 5 cm | Reihenabstand: 20–25 cm

Nährstoffbedarf: mittel
Boden: nahrhaft, leicht
Kulturdauer: Winterknoblauch neun, Sommerknoblauch sechs, Jungknoblauch zwei bis vier Monate
Beetpartner: Möhren, Rote Bete, Petersilie

Knoblauch stammt aus Asien. In Europa wurde er zunächst im Mittelmeerraum angebaut und gelangte mit den Römern nach Mitteleuropa. Knoblauch hat einen festen Platz in fast allen Küchen der Welt. Zudem gilt er als Heilpflanze. Die Blätter des Knoblauchs kann man schon zwei bis vier Monate nach dem Pflanzen als sogenannten Jungknoblauch ernten.

PFLANZEN: Winterknoblauch im September/Oktober, Sommerknoblauch im März

Knoblauch bildet Blütenstände mit Brutknollen.

Die Knollen werden für die Lagerung getrocknet.

ANBAU/PFLEGE: Knoblauch bevorzugt leichte, nahrhafte, warme Böden und wird am besten durch das Stecken von Knoblauchzehen mit 15 cm Abstand im Herbst oder Frühjahr vermehrt. Im Herbst gesteckter Knoblauch blüht im Folgejahr und bildet zwischen den Blüten Brutknollen, die man ebenfalls pflanzen kann.
ERNTEVERLÄNGERUNG: Jung ist Knoblauch frostfest, man kann den ganzen Winter ernten. Dazu steckt man ab September Zehen in mehreren Sätzen, am besten in den kalten Kasten.
SCHÄDLINGE UND KRANKHEITEN: Knoblauchfliege, Schimmel; bei Nässe: Rost, Fäulnis
GUTE SORTEN: rosa: 'Edenrosa', 'Germiodour', 'Printanor'; weiß: 'Flavor', 'Cledor', 'Mesidor'
ERNTE UND LAGERUNG: Knoblauchknollen werden ab Juni bis zum Herbst ausgegraben, wenn das Laub abgetrocknet ist. Nach dem Trocknen lassen sie sich kühl, trocken und dunkel lagern. Jungknoblauch erntet man den ganzen Winter über. Die Blätter halten sich kurze Zeit im Kühlschrank.
VERWENDUNG: Knoblauch ist ein tolles Gewürz und ein uraltes Heilmittel. Er gilt als gefäßerweiternd, blutverflüssigend und blähungstreibend. Die Blätter des Jungknoblauchs schmecken mild und sind vielseitig verwendbar.

KOHLGEMÜSE

Kohl ist unser wichtigstes Gemüse und wird weltweit in vielen Varietäten angebaut. Er ist sehr gesund und gilt als das Wintergemüse schlechthin.

WIRSING & BUTTERKOHL

Brassica oleracea convar. *capitata*
Kreuzblütengewächse ☼ ◑
Saattiefe: 1–2 cm | Pflanzabstand: 40 × 40 cm

Nährstoffbedarf: hoch
Boden: nahrhaft, humos, aber durchlässig
Aussaat: für die Winterernte im April/Mai, Sommersorten ab März, die Vorkultur ist sinnvoll
Kulturdauer: sechs bis sieben Monate
Beetpartner: Pastinaken, Rüben, Sellerie, Salat

Wirsing ist ein Kopfkohl mit stark gekrausten, dunkelgrünen Blätter, die innen heller sind. Butterkohl ist eine alte Variante des Wirsings mit unterschiedlich großen, lockeren Köpfen.

ANBAU/PFLEGE: Wirsing ist wie alle Kopfkohlarten ein Starkzehrer und bevorzugt nahrhafte, humose Böden. Spätherbst- und Wintersätze sät man ab April/Mai und pflanzt im Juni. Sommersorten sät man ab März, pflanzt sie im April/Mai und erntet sie im Sommer. Die Vorkultur im Topf ist sinnvoll. Man setzt die Jungpflanzen mit 40 cm Abstand und versorgt sie gut mit Wasser und Nährstoffen. Ein Kulturschutznetz hält Schädlinge fern. Der Standort sollte jedes Jahr gewechselt werden.
ERNTEVERLÄNGERUNG: Wirsing ist wie alle Kopfkohlarten sehr winterfest und kann lange im Beet stehen. Erst wenn Dauerfrostperioden zu erwarten sind, werden alle Köpfe abgeerntet.
SCHÄDLINGE UND KRANKHEITEN: Blattläuse, Raupen, Weiße Fliege, Mehltau, bakterielle Fäule, Kohlhernie
GUTE SORTEN: Wirsing: 'Vertus', 'Winterfürst', 'Langendijker Dauerwirsing'; Butterkohl: 'Goldberg', 'Vorbote 3'
ERNTE UND LAGERUNG: Man kann Wirsing bereits ernten, wenn er noch keinen festen Kopf hat. Zum Lagern sticht man ihn ab November mit den Wurzeln aus, hängt sie in einem kühlen Raum verkehrt herum auf oder schichtet sie auf.
VERWENDUNG: Wirsing schmeckt frisch aus dem Garten am besten. Die Blätter passen roh in Salat, die inneren, hellen Blätter sind eine beliebte Gemüsebeilage. Wirsing wird gern in Eintöpfen verwendet, die größeren Blätter eignen sich besonders gut zum Wickeln von Kohlrouladen.

WEISS- & ROTKOHL

Brassica oleracea conv. *capitata*
Kreuzblütengewächse ☼ ◑
Saattiefe: 1–2 cm | Pflanzabstand: 40 × 40 cm

Nährstoffbedarf: hoch
Boden: nahrhaft, lehmig
Aussaat: für die Winterernte im April / Mai, die Vorkultur ist sinnvoll, Pflanzung im Juni
Kulturdauer: sechs bis sieben Monate
Beetpartner: Pastinaken, Rüben, Sellerie, Salat

Gartenkohl ist eine uralte Kulturpflanze, die schon in der Antike genutzt wurde. Griechen und Römer züchteten Kulturformen, an denen mehrere Wildformen beteiligt waren. Spätestens seit dem 14. Jahrhundert wurde Kopfkohl auch in Mitteleuropa angebaut. Heute unterscheiden wir zwischen Weiß- und Rotkohl sowie Wirsingkohl (→ Seite 133). Zusammen sind sie unsere wichtigsten Kohlarten und haben eine große wirtschaftliche Bedeutung. Sie alle gelten als typisches Wintergemüse, da ihre Köpfe in der Regel spät geerntet und auch gut gelagert werden können.

Weißkohl hat große Köpfe mit kräftigen Umblättern.

- Weißkohl wird heute weltweit angebaut. Die verschiedenen Unterarten und Sorten unterscheiden sich durch verschiedene Kopfformen und natürlich auch durch die Festigkeit der Köpfe. Es gibt runde, platte und spitze Köpfe in verschiedenen Größen. Bei uns wird Weißkohl traditionell zu Sauerkraut verarbeitet. Dieses ist lange haltbar und war über Jahrhunderte im Winter die wichtigste Quelle für Vitamin C. Außerdem wird Weißkohl für Eintöpfe, Kohlrouladen oder auch Salate verwendet.
- Rotkohl, auch Blaukraut genannt, hat feste Köpfe und wird in erster Linie in Mitteleuropa angebaut. Seine Blattfarbe ändert sich je nach pH-Wert des Bodens. In sauren Böden sind die Köpfe eher rot gefärbt, in alkalischen Böden dagegen bläulich. Auch Rotkohl ist ein traditionelles Wintergemüse und darf als Gemüsebeilage zum Weihnachtsbraten nicht fehlen.

ANBAU / PFLEGE: Weiß- und Rotkohl wachsen unter sehr ähnlichen Bedingungen. Heute steht uns eine Fülle von Sorten zur Verfügung. Für den Herbst- und Winteranbau wählt man robuste, späte Sorten. Alle Kohlarten und -sorten sind ausgesprochene Starkzehrer und bevorzugen nahrhafte, lehmige Böden. Spätherbst- und Wintersorten werden ab April ausgesät und im Juni gepflanzt. Sommersorten werden ab März ausgesät und können im Sommer geerntet werden. Sie sind für den baldigen Verzehr geeignet. Die Vorkultur im Topf ist besonders für frühe Sätze sinnvoll. Kohlpflanzen dürfen in der Jugendphase nicht allzu niedrigen Temperaturen ausgesetzt werden, sonst schießen sie recht früh. Die Jungpflanzen werden später im Abstand von 40 cm gepflanzt und müssen während des Wachstums gleichmäßig mit Wasser und Nährstoffen versorgt werden. Zu wenige Nährstoffe führen zu Kümmerwuchs und mangelhafter Kopfbildung. Junger Kohl sollte unbedingt mit einem Kulturschutznetz vor Schädlingen geschützt werden. Der Standort muss in jedem Jahr gewechselt werden, sonst wird der Boden einseitig

Spitzkohl 'Dutchy F1': lecker und ertragreich.

'Red Drumhead' ist eine robuste, alte Rotkohlsorte

ausgelaugt und Pflanzenkrankheiten wie die Kohlhernie nehmen permanent zu.

ERNTEVERLÄNGERUNG: Kopfkohl ist relativ winterfest und kann lange im Beet stehen.

SCHÄDLINGE UND KRANKHEITEN: Blattläuse, Raupen, Weiße Fliege, Mehltau, bakterielle Fäule, Kohlhernie

ERNTE UND LAGERUNG: Kohl bleibt so lange wie möglich auf dem Beet, denn in feuchten Herbsttagen legen die Kohlköpfe an Größe und Dichte noch zu. Erst wenn wechselnde Temperaturen, zu hohe Niederschläge oder Dauerfrost Probleme bereiten, erntet man die Köpfe und lagert sie ein. Dazu sticht man gesunde Kohlköpfe samt Wurzeln aus und hängt sie in kühlen Räumen verkehrt auf oder man schichtet sie auf.

VERWENDUNG: Kopfkohl ist ein traditionelles Wintergemüse. Weißkohl wird zu Sauerkraut fermentiert. Sowohl Weiß- als auch Rotkohl isst man roh als Salat oder gekocht als Gemüse.

GUTE SORTEN

TYP	SORTE	EIGENSCHAFTEN
Weißkohl	'Brunswijker'	spät, groß, fester, plattrunder Kopf, für Rohkost und Sauerkraut geeignet
	'Dowinda'	wüchsig, spät, fester, geschlossene Köpfe, oval, gut lagerfähig
	'Holsteiner Platter'	spät, großköpfig, flachrund, wenig lagerfähig, für die Sauerkrautherstellung
	'Kilaton F1'	spät, resistent gegen Kohlhernie, gut lagerfähig, für Sauerkraut geeignet
	'Marner Langweiß'	spät, mittelgroß, rund, feste Köpfe, gut lagerfähig
Spitzkohl	'Filderkraut'	mittelspät, feste Köpfe, schmackhaft, auch für die Sauerkrautherstellung
	'Dutchy F1'	schmackhaft, ertragreich, lagerfähig
Rotkohl	'Dauerrot'	spät, mittelgroß, gut lagerfähig, alte Sorte
	'Garant'	mittelfrüh, auch für den späten Anbau, schnellwüchsig, robust, lagerfähig
	'Red Drumhead'	bewährte, alte Sorte, robust

Viele Sorten erntet man nach dem ersten Frost.

Rotlaubiger Grünkohl ist eine Zierde im Gemüsebeet.

GRÜNKOHL

Brassica oleracea var. *sabellica*

Kreuzblütengewächse ☼ ◑

Saattiefe: 1–2 cm | Pflanzabstand: 50 × 60 cm

Nährstoffbedarf: hoch
Boden: nahrhaft, humos, aber durchlässig
Aussaat: für die Winterernte im April / Mai, die Vorkultur ist sinnvoll
Kulturdauer: sechs bis sieben Monate
Beetpartner: Pastinaken, Rüben, Sellerie, Salat

Grünkohl stammt wie alle Kohlarten vom Wildkohl ab und wurde schon in der Antike angebaut. In vielen norddeutschen Gegenden ist er eher unter dem Namen Braunkohl bekannt.

ANBAU / PFLEGE: Grünkohl ist wie alle Kohlarten ein ausgesprochener Starkzehrer und bevorzugt nahrhafte, humose Böden. Sätze für die Winterernte können ab Mai, frühe Sätze ab April ausgesät werden. Die Vorkultur im Topf oder Frühbeet ist sinnvoll. Die Jungpflanzen werden im Juni / Juli im Abstand von 50–60 cm oder auch als Solitär gepflanzt und gut mit Wasser und Nährstoffen versorgt. Die Abdeckung mit einem Kulturschutznetz hält Schädlinge fern. Der Standort von Grünkohl sollte jedes Jahr gewechselt werden.

ERNTEVERLÄNGERUNG: Grünkohl bleibt den ganzen Winter über auf dem Beet. Bei Dauerfrost unter -8 °C werden die Pflanzen mit einem Schutzvlies abgedeckt.

SCHÄDLINGE UND KRANKHEITEN: Blattläuse, Raupen, Mehltau, Kohlhernie

GUTE SORTEN: niedrig: 'Lerchenzunge'; halbhoch: 'Grüner Krauser', 'Roter Krauser'; hoch: 'Ostfriesische Palme', 'Rote Palme'

ERNTE UND LAGERUNG: Traditionell erntet man Grünkohl ab November nach dem ersten Frost, denn dann entwickelt er seinen feinen Geschmack und ist besonders zart. Zudem werden die Bitterstoffe durch Fröste reduziert. Man erntet nur die äußeren Blätter, so kann die Pflanze bei milderen Temperaturen weiter wachsen. Die Ernte ist bis in das zeitige Frühjahr möglich. Überschüsse können gut eingefroren werden.

VERWENDUNG: Grünkohl ist reich an Vitamin C, Mineralstoffen und Karotin und damit ein ideales Gemüse für eine ausgewogene Ernährung in der dunklen Jahreszeit. In Norddeutschland hat er den Status eines Nationalgerichts. Meist wird er dort mit speziellen Würsten, mit Kasseler Braten oder mit Schinken gegessen.

PALMKOHL (SCHWARZER KOHL)

Brassica oleracea var. *palmifolia*

Kreuzblütengewächse

Saattiefe: 1–2 cm | Pflanzabstand: 60 × 50 cm

Nährstoffbedarf: hoch
Boden: nahrhaft, humos, aber durchlässig
Aussaat: Mai, die Vorkultur ist sinnvoll
Kulturdauer: sechs Monate
Beetpartner: Pastinaken, Rüben, Sellerie, Salat

Palmkohl stammt aus Italien, der Anbau hat dort eine lange Tradition. Vermutlich wurde er schon in der Antike angebaut und zählt damit zu den ältesten Nutzpflanzen. In Italien wird Palmkohl auch heute noch großflächig kultiviert. Die Pflanzen haben einen palmenartigen Wuchs, lange, schmale, dunkelgrüne Blätter mit markanter Äderung und sind sehr dekorativ. Deshalb wird Palmkohl auch als Solitär gepflanzt. Er ist weit weniger frostfest als Grünkohl und daher bei uns eher ein Herbstgemüse.

Unter Schutz bleibt Palmkohl lange im Beet.

Ernte vor dem ersten Frost: 'Nero di Toscano'.

ANBAU / PFLEGE: Wie alle Kohlarten ist Palmkohl ein ausgesprochener Starkzehrer und bevorzugt nahrhafte, humose Böden. Aussaat im Mai als Vorkultur im Topf oder Frühbeet. Die Jungpflanzen pflanzt man sechs Wochen später im Abstand von 50 cm oder auch als Solitär. Während des Wachstums braucht Palmkohl ausreichend Wasser und Nährstoffe. Ein Kulturschutznetz hält Schädlinge fern. Der Standort sollte jedes Jahr gewechselt werden.
ERNTEVERLÄNGERUNG: Palmkohl muss vor zu erwartenden Dauerfrostperioden abgeerntet werden. Ein Vlies verlängert die Erntezeit.
SCHÄDLINGE UND KRANKHEITEN: Blattläuse, Raupen, Kohlfliege, Kohlhernie
GUTE SORTEN: 'Nero di Toscana', 'Negro Romano'
ERNTE UND LAGERUNG: Palmkohl wird ab Anfang November bis zu den ersten starken Frösten geerntet. Die Blätter kann man für kurze Zeit kühl lagern oder für den späteren Gebrauch blanchieren und einfrieren.
VERWENDUNG: Man zupft die Blätter einzeln ab, schneidet sie klein und isst sie roh in Salaten oder geschmort als Gemüse. Palmkohl ist eine beliebte Zutat von Kohlsuppe. Er schmeckt wesentlich milder als Grünkohl.

ROSENKOHL

Brassica oleracea var. *gemmifera*
Kreuzblütengewächse ☼
Saattiefe: 1–2 cm | Pflanzabstand: 50 × 50 cm

Nährstoffbedarf: hoch
Boden: nahrhaft, humos, aber durchlässig
Aussaat: April, die Vorkultur ist sinnvoll
Kulturdauer: sieben bis acht Monate
Beetpartner: Pastinaken, Rüben, Sellerie, Salat

Rosenkohl ist eine etwas jüngere Kohlart. Erste Belege stammen aus dem 16. Jahrhundert und zeugen von seinem Anbau in Belgien. Erst im 19. Jahrhundert setzte Rosenkohl zu seinem Siegeszug durch das westliche Europa an, er wird bis heute vor allem dort angebaut.

ANBAU / PFLEGE: Rosenkohl ist wie alle Kohlarten ein ausgesprochener Starkzehrer und bevorzugt nahrhafte, humose Böden. Die Vorkultur erfolgt im April im Topf oder im Frühbeet.

Die Röschen wachsen direkt am Stamm.

Apart: Rosenkohl mit violett-roten Röschen.

Gepflanzt wird ab Mai bis spätestens Anfang Juni im Abstand von 50 cm. Während des Wachstums versorgt man die Pflanzen gut mit Wasser und Nährstoffen. Ein Kulturschutznetz hält Schädlinge fern. Im September bricht man die Spitze der Pflanzen ab, dadurch werden die einzelnen Röschen größer.

ERNTEVERLÄNGERUNG: Rosenkohl bleibt den ganzen Winter über auf dem Beet. Erst unter Frosteinwirkung entwickelt er ein starkes Aroma. Häufiger Temperaturwechsel im Winter lässt ihn faulen, daher deckt man ihn bei starkem Frost mit einem Schutzvlies ab.

SCHÄDLINGE UND KRANKHEITEN: Blattläuse, Raupen, Erdflöhe, Kohlhernie

GUTE SORTEN: 'Groninger', 'Hilds Ideal', 'Rubine' (violett-rote Röschen)

ERNTE UND LAGERUNG: Rosenkohl wird am besten nach dem ersten Frost und dann den ganzen Winter über bis Januar frisch vom Beet geerntet. Sind die Röschen groß genug, schneidet man sie einzeln ab oder bricht sie aus. Ernteüberschüsse lassen sich sehr gut einfrieren.

VERWENDUNG: Rosenkohl ist voller Mineralstoffe, Ballaststoffen und Vitamine. Er schmeckt roh als Salat und gekocht als Beilage von traditionellen Fleischgerichten.

Auf der Beliebtheitsskala ganz oben: Brokkoli.

'Purple Sprouting' ist ein robuster Sprossenbrokkoli.

BROKKOLI

Brassica oleracea var. *italica*
Kreuzblütengewächse ☼
Saattiefe: 1–2 cm | Pflanzabstand: 50 × 50 cm

Nährstoffbedarf: hoch
Boden: nahrhaft, humos, aber durchlässig
Aussaat: Juli für die Winterernte, März bis April für die Sommerernte, die Vorkultur ist sinnvoll
Kulturdauer: vier bis sechs Monate
Beetpartner: Pastinaken, Rüben, Sellerie, Salat

Brokkoli ist eng mit dem Blumenkohl verwandt. Er stammt ursprünglich aus Kleinasien und war in Europa zuerst in Italien bekannt. Von dort wurde er weit verbreitet, und heute gibt es Brokkoli in zahlreichen Sorten. Ältere Sorten wachsen hoch und haben eine Hauptblume und kleinere Nebenblumen, die nach und nach reifen und geerntet werden können. Modernere Sorten bilden nur einen Hauptkopf. Etwas weniger bekannt, aber durchaus eine gute Alternative, ist Sprossenbrokkoli. Er wächst schneller, wird größer und ist hervorragend im Geschmack.

ANBAU / PFLEGE: Für die Ernte im Herbst wird im Juli gesät und im August gepflanzt. Für die Ernte im Sommer erfolgt die Aussaat ab März bis April als Vorkultur im Topf oder Frühbeet. Die Jungpflanzen werden im Juni mit 50 cm Abstand gepflanzt und gut mit Wasser und Nährstoffen versorgt. Ein Kulturschutznetz hält Schädlinge fern. Der Standort sollte jedes Jahr gewechselt werden.
ERNTEVERLÄNGERUNG: Brokkoli bleibt so lange wie möglich auf dem Beet. Die Blumen sind jedoch wenig frosthart und müssen vor dem Winter abgeerntet werden. Ein Schutzvlies kann die Erntezeit verlängern.
SCHÄDLINGE UND KRANKHEITEN: Kohlfliege, Kohlmottenschildlaus, Kohlweißlingsraupen, Kohlhernie
GUTE SORTEN: Brokkoli: 'Calinaro', 'Czesar', 'Rosalind'; Sprossenbrokkoli: 'Santee F1', 'Summer Purple', 'Purple Sprouting'
ERNTE UND LAGERUNG: Frühe Sätze erntet man den ganzen Sommer, späte ab November. Vor Frostperioden erntet man alle Köpfe. Sind sie nicht voll entwickelt, gräbt man die Pflanzen aus und schlägt sie im Frühbeetkasten ein. Frisch kann man Brokkoli sieben Tage kühl lagern.
VERWENDUNG: Die einzelnen Röschen werden gekocht, gedünstet oder gedämpft, die Strünke geschält zu Suppe verarbeitet.

'Multi-Head F1' überzeugt durch kurze Kulturzeit.

'Graffiti F1' punktet mit Farbe und Geschmack.

BLUMENKOHL

Brassica oleracea var. *botrys*
Kreuzblütengewächse ☼
Saattiefe: 1–2 cm | Pflanzabstand: 50 × 50 cm

Nährstoffbedarf: hoch
Boden: nahrhaft, humos, aber durchlässig
Aussaat: Juli für die Herbst-/Winterernte, März bis April für die Sommerernte, die Vorkultur ist sinnvoll
Kulturdauer: vier bis sechs Monate
Beetpartner: Pastinaken, Rüben, Sellerie, Salat

Blumenkohl stammt aus Kleinasien und wurde in Europa erstmals in Italien angebaut. Heute zählt er zu den weltweit wichtigsten Kohlarten. Der Sommeranbau ist nicht immer ganz einfach, denn Blumenkohl mag weder Hitze noch Trockenheit. Der Herbstanbau ist etwas einfacher. Neben den weißen, runden Sorten gibt es auch Sorten in unterschiedlichen Farben und Formen.

ANBAU / PFLEGE: Blumenkohl ist wie alle Kohlarten ein ausgesprochener Starkzehrer und bevorzugt nahrhafte, humose Böden. Für die Ernte vom späteren Herbst bis Winter wird im Juli gesät und im August mit 50 cm Abstand gepflanzt. Für die Ernte im Sommer oder frühen Herbst erfolgt die Aussaat ab März bis April als Vorkultur im Topf oder im Frühbeet. Jungpflanzen gut mit Wasser und Nährstoffen versorgen. Der Standort sollte jedes Jahr gewechselt werden.
ERNTEVERLÄNGERUNG: Blumenkohl bleibt so lange wie möglich auf dem Beet. Die Blumen sind wenig frosthart und müssen vor zu erwartenden Dauerfrostperioden abgeerntet werden. Ein Schutzvlies kann die Erntezeit verlängern.
SCHÄDLINGE UND KRANKHEITEN: Kohlfliege, Kohlmottenschildlaus, Kohlweißlingsraupen, Kohlhernie
GUTE SORTEN: 'Bunt F1', 'Grafitti F1' (violett), 'Nuage', 'Tabiro', 'Multi-Head F1'
ERNTE UND LAGERUNG: Frühe Sätze erntet man den ganzen Sommer, Wintersorten ab November. Vor Frostperioden erntet man alle Köpfe. Sind sie nicht voll entwickelt, gräbt man die Pflanzen aus und schlägt sie im Frühbeetkasten ein. Frisch geernteter Blumenkohl kann für etwa sieben Tage kühl gelagert werden.
VERWENDUNG: Blumenkohl ist reich an Vitamin C, Mineralstoffen und Spurenelementen und daher ein sehr wertvolles Herbstgemüse.

CHINAKOHL

Brassica rapa ssp. *pekinensis*
Kreuzblütengewächse

Saattiefe: 1–2 cm | Reihenabstand: 40–50 cm

Nährstoffbedarf: hoch
Boden: nahrhaft, humos
Aussaat: späte Sätze im Juli, Frühjahrssätze ab März/April, die Vorkultur ist möglich
Kulturdauer: vier bis fünf Monate
Beetpartner: Sellerie, Erbsen

Chinakohl wurde seit dem 5. Jahrhundert zuerst in China, später im ganzen ostasiatischen Raum angebaut. In Europa ist dieser Kohl seit Anfang des 20. Jahrhunderts bekannt und erfreut sich seitdem wachsender Beliebtheit.

ANBAU / PFLEGE: Chinakohl wird bei uns hauptsächlich als Winterkohl angebaut. Mittlerweile gibt es aber auch Sorten, die für die Sommerernte geeignet sind. Sie lassen sich allerdings nicht lagern. Chinakohl ist ein ausgesprochener Starkzehrer und bevorzugt nahrhafte Böden. Für die Winterernte wird er im Juli ins Freiland gesät und nach dem Auflaufen auf 30 cm Abstand vereinzelt. Chinakohl ist besonders anfällig für Kohlhernie, sein Standort muss unbedingt jedes Jahr gewechselt werden.

Chinakohl: ein Klassiker der asiatischen Küche.

'Scarlette F1' ist rotlaubig und gilt als schossfest.

ERNTEVERLÄNGERUNG: Chinakohl bleibt so lang wie möglich auf dem Beet, sollte allerdings vor zu erwartendem Dauerfrost abgeerntet werden. Ein Schutzvlies verlängert die Erntezeit.
SCHÄDLINGE UND KRANKHEITEN: Blattläuse, Kohlerdfloh, Kohlfliege, Kohlhernie
GUTE SORTEN: 'Granat', 'Scarlette F1', 'Bilko F1'
ERNTE UND LAGERUNG: Frühjahrssätze können den ganzen Sommer über geerntet werden, späte ab November. Bei milder Witterung ist die Ernte bis Dezember möglich. Erntet man Chinakohl frisch, werden die Köpfe abgeschnitten und die Umblätter entfernt und kompostiert. Vor starken Frostperioden erntet man alle Köpfe. Man nimmt sie mit den Wurzeln aus dem Beet, wickelt sie einzeln in Zeitungspapier ein und lagert sie senkrecht in einem kühlen Raum.
VERWENDUNG: Chinakohl wird bei uns meist roh als Salat gegessen, doch er ist auch gedünstet ein schmackhaftes Gemüse.

PAK CHOI (SENFKOHL)

Brassica rapa ssp. *chinensis*
Kreuzblütengewächse ☼ ◐
Saattiefe: 1 cm | Reihenabstand: 30 cm

Nährstoffbedarf: mittel bis hoch
Boden: nahrhaft, humos
Aussaat: für die Winterkultur unter Glas Anfang Oktober, Vorkultur möglich, für die Sommerkultur Direktsaat im August
Kulturdauer: sieben bis acht Wochen
Beetpartner: Salat, Lauch, Karotten

Pak Choi kommt aus Fernost und wird dort seit vielen Jahrhunderten angebaut. In Südostasien gehört er heute zu den beliebtesten Gemüsearten überhaupt. Pak Choi kann als Salat angebaut werden (→ Seite 110), ist aber ebenso ein wichtiges Blattstielgemüse, das sehr gut für den Winteranbau geeignet ist. Er wächst sehr schnell, schmeckt mild nach Kohl und wird von den Fans der asiatischen Küche sehr geschätzt.

'Ivory F1' bildet starke dunkelgrüne Blätter.

'Joi Choi' überzeugt, da schossfest und robust.

ANBAU / PFLEGE: Pak Choi mag feuchte, humose Böden mit eher hohem Nährstoffgehalt. Für den Winteranbau unter Glas erfolgt die Aussaat ab Anfang Oktober. Die Vorkultur ist möglich. Für die frühere Kultur wird er, da er im Sommer zum Schießen neigt, ab August direkt ins Beet gesät. Staffelt man die Aussaatsätze gut, kann man ihn den ganzen Winter über ernten. Während des Wachstums müssen die Pflanzen gut feucht gehalten werden, im Winter eher trocken.
ERNTEVERLÄNGERUNG: Für die Winterernte wird Pak Choi im kalten Kasten oder im Gewächshaus angebaut.
SCHÄDLINGE UND KRANKHEITEN: Blattläuse, Erdflöhe
GUTE SORTEN: 'Joi Choi', 'Ivory F1'
ERNTE UND LAGERUNG: Pak Choi erntet man im Freiland ab November und im Gewächshaus oder kalten Kasten den ganzen Winter über. Ab März beginnt Pak Choi zu schießen und ist als Blattgemüse nicht mehr zu gebrauchen. Geerntet werden ganze Köpfchen, die man frisch verwendet. Länger gelagert werden kann Pak Choi nicht.
VERWENDUNG: Pak Choi wird gedünstet und vor allem in asiatischen Wok-Gerichten verwendet. Alternativ kann man ihn ähnlich wie Mangold oder Spinat zubereiten.

Weiße Kohlrabi haben ein süßliches Aroma.

Roter Kohlrabi schmeckt kräftiger als die weißen Sorten.

KOHLRABI

Brassica oleracea var. *gongylodes*
Kreuzblütengewächse ☼ ◑
Saattiefe: 1–2 cm | Pflanzabstand: 30 × 30 cm

Nährstoffbedarf: hoch
Boden: nahrhaft, humos, aber durchlässig
Aussaat: Juli für die Herbst- und Winterernte, März bis April für die Sommerernte, die Vorkultur ist sinnvoll
Kulturdauer: vier Monate
Beetpartner: Pastinaken, Rüben, Sellerie, Salat

Kohlrabi wird wegen seiner verdickten, oberirdischen weißen oder blau-violetten Sprossknolle angebaut. Seine Herkunft ist unbekannt, genau wie der Zeitpunkt seiner Entstehung. Bei uns wird Kohlrabi seit dem 19. Jahrhundert angebaut und ist seitdem eines der beliebtesten Frühlingsgemüse. Die Verwendung als Wintergemüse ist viel weniger bekannt – völlig zu Unrecht!

ANBAU / PFLEGE: Kohlrabi wird meist im Frühjahr angebaut, zum Lagern eignen sich aber nur späte Sätze. Wie alle Kohlarten ist er ein ausgesprochener Starkzehrer und bevorzugt nahrhafte, humose Böden. Für die Ernte im Sommer erfolgt die Aussaat im Februar oder März, für die Ernte im Herbst und Winter im Juli. Gepflanzt wird im August. Kohlrabi braucht eine gleichmäßige Wasserversorgung, sonst platzt er. Der Standort sollte jedes Jahr gewechselt werden.
ERNTEVERLÄNGERUNG: Kohlrabi bleibt so lang wie möglich auf dem Beet, sollte allerdings vor Dauerfrostperioden geerntet oder zumindest mit einem Schutzvlies abgedeckt werden. Wintersätze stehen am besten im Folientunnel, im Frühbeetkasten oder im Gewächshaus.
SCHÄDLINGE UND KRANKHEITEN: Schnecken, Kohlweißlingsraupen, falscher Mehltau, Kohlhernie
GUTE SORTEN: weiß: 'Lanro', 'Noriko', 'Superschmelz' (Herbstsorte); blau: 'Azurstar', 'Blaro'
ERNTE UND LAGERUNG: Die Winterernte beginnt im November und geht bei günstiger Witterung bis Januar. Man kann Kohlrabi auch gefroren ernten und langsam auftauen. Lässt man Kohlrabi länger als vier Monate auf dem Beet, wird er holzig oder hohl. Besser erntet man ihn rechtzeitig und lagert ihn, vom Laub befreit, in der Erdmiete oder in feuchtem Sand bei 0–5 °C.
VERWENDUNG: Kohlrabi schmeckt roh geraspelt als Salat, in Scheiben oder Würfel gedünstet als Gemüse oder gekocht in Suppen.

Besonders kräftige Blätter: Helgoländer Wildkohl.

Der Wildkohl bildet große Rosetten und braucht Platz.

HELGOLÄNDER WILDKOHL

Brassica oleracea ssp. *oleracea*
Kreuzblütengewächse
Saattiefe: 1–2 cm | Pflanzabstand: 40 × 60 cm

Nährstoffbedarf: hoch
Boden: nahrhaft, humos, aber durchlässig
Aussaat: für die Winterernte ab Mai, sonst ab März, die Vorkultur ist sinnvoll
Kulturdauer: sechs bis zwölf Monate
Beetpartner: Pastinaken, Rüben, Sellerie, Salate

Helgoländer Wildkohl ist eine sehr alte Blattkohlart und gilt als Urform vieler bis heute gezüchteter Kohlarten. Auf Helgoland wächst er wild und besiedelt Felsen und Gesteinsschotter. Weitere Vorkommen gibt es an der englischen Südküste und am Atlantik. Im Garten wird er deutlich größer und entwickelt sich meist zu einer prächtigen, reich blühenden Pflanze.

ANBAU / PFLEGE: Helgoländer Wildkohl ist mehrjährig, winterfest und kann über längere Zeit im Garten stehen. Frühe Sätze werden ab März, spätere ab Mai ausgesät. Jungpflanzen früher Sätze pflanzt man im Mai, späte Sätze im Juni / Juli im Abstand von 40 × 60 cm und versorgt sie gut mit Wasser und Nährstoffen. Helgoländer Wildkohl sollte man nach der Blüte im zweiten Jahr neu pflanzen. So häufig wie möglich den Standort wechseln!
ERNTEVERLÄNGERUNG: Helgoländer Wildkohl bleibt zumindest im ersten Winter auf dem Beet stehen.
SCHÄDLINGE UND KRANKHEITEN: Blattläuse, Raupen, bakterielle Fäule, Kohlhernie
GUTE SORTEN: Helgoländer Wildkohl ist eine Wildpflanze, Kulturformen sind nicht bekannt.
ERNTE UND LAGERUNG: Helgoländer Wildkohl kann ganzjährig geerntet werden, sobald die ersten Blätter ausreichend groß sind, als Wintergemüse von November bis März. Man pflückt die Blätter nach und nach von unten nach oben, so kann der Kohl immer weiter wachsen. Ab Mai des zweiten Jahrs erntet man auch die Blütenknospen. Blätter und Blütenknospen kann man kurze Zeit im Kühlschrank lagern.
VERWENDUNG: Besonders zart sind die jungen Blätter nach dem Winter. Sie werden in Streifen geschnitten und geschmort. Die Blütenknospen schmecken sehr mild und werden wie Brokkoli zubereitet. Junge Triebe isst man roh als Salat.

STIELKOHL (STÄNGELKOHL)

Brassica rapa var. *cymosa*
Kreuzblütengewächse

Saattiefe: 1–2 cm | Pflanzabstand: 20 × 20 cm

Nährstoffbedarf: hoch
Boden: nahrhaft, humos, aber durchlässig
Aussaat: August für die Winterernte, März bis April für die Sommerernte, Vorkultur ist sinnvoll
Kulturdauer: drei bis vier Monate
Beetpartner: Pastinaken, Rüben, Sellerie, Salat

Stielkohl ist eng mit den Speiserüben, also Mai- und Herbstrübchen (*Brassica rapa,* → Seite 122) verwandt. Er unterscheidet sich von ihnen durch mehr Blattmasse, sehr viele feine Wurzeln und durch seine Neigung zu schnellem Schießen. Stielkohl gehört zu den typisch italienischen Kohlarten und ist dort weit verbreitet. Bei uns ist er relativ unbekannt und nur manchmal in türkischen Supermärkten zu finden.

ANBAU / PFLEGE: Stielkohl kann als Sommer- oder Wintergemüse angebaut werden. In warmen Frühjahren kommt er allerdings schnell zur Blüte, und es gibt nicht viel zu ernten. Ideal ist daher die Winterkultur im Gewächshaus oder Frühbeetkasten. Stielkohl ist ein Starkzehrer und bevorzugt nahrhafte, humose Böden. Für die Ernte im Winter wird im August in Sätzen gesät. Für die Ernte im Sommer erfolgt die Aussaat ab März bis April mit Vorkultur. Stielkohl wird direkt in Reihen gesät. Zwei bis drei Wochen nach der Aussaat pikiert man die Sämlinge oder verzieht sie. Während des Wachstums hält man Stielkohl feucht und düngt ihn gelegentlich. Der Standort sollte jedes Jahr gewechselt werden.
ERNTEVERLÄNGERUNG: Stielkohl wächst im Gewächshaus oder Frühbeetkasten auch im Herbst und Winter.
SCHÄDLINGE UND KRANKHEITEN: Blattläuse, Raupen, bakterielle Fäule
GUTE SORTEN: mittel bis spät: 'Cinquantina', 'Sessantina'

ERNTE UND LAGERUNG: Frühe Sätze können den ganzen Sommer über geerntet werden, Wintersorten ab November. Geerntet wird vor dem Aufblühen der Knospen. Der Kohlgeschmack ist dann noch nicht so intensiv. Stielkohl kann für eine kurze Zeit kühl gelagert werden.
VERWENDUNG: In Italien und Portugal ist Stielkohl ein typisches Wintergemüse. In Italien ist er als »Cime di Rapa« bekannt und wird mit einer speziellen Pasta serviert. Essbar sind Blütenknospen, Blätter und Stiele. Stielkohl schmeckt sanft nach Kohl und leicht bitter, solange die Blütenknospen geschlossen sind. Wenn die Blüten aufgehen, wird sein Geschmack intensiver und bitterer. Stielkohl wird ähnlich wie Spinat oder Mangold zubereitet. Stiele und Röschen werden auseinandergeschnitten und gegart oder gedämpft. Beim Blanchieren verliert er seinen bitteren Geschmack. Aus Stielkohlsamen kann man auch Sprossen ziehen. Sie wachsen schnell, schmecken angenehm scharf und werden unter Salate und Rohkost gemischt.

HÜLSENFRÜCHTE

Erbsen und Bohnen gehören zu den wichtigsten Hülsenfrüchten. Sie sind nahrhaft und lecker und bereichern – meist getrocknet – unseren Winterspeiseplan.

ERBSEN

Pisum sativum Hülsenfruchtgewächse ☼
Saattiefe: 3–5 cm | Reihenabstand: 20 cm

Nährstoffbedarf: niedrig
Boden: durchlässige, humose Böden
Aussaat: September bis Januar
Kulturdauer: sechs bis acht Wochen
Beetpartner: Möhren, Radieschen, Kohl

Die Erbse ist seit Jahrtausenden ein Grundnahrungsmittel und ein wichtiger Eiweißlieferant. Als Gemüse unterscheiden wir zwischen Schal-, Mark- und Zuckererbsen. Weitaus weniger bekannt ist die Nutzung von Erbsensprossen oder -trieben im Spätherbst und Winter, wenn keine Erbsenschoten mehr reifen. Sprossen sind junge Keimlinge, Triebe werden ab einer Länge von 10 cm geerntet. Am besten schmecken junge Triebe von Zuckererbsen.

ANBAU/PFLEGE: Für die Ernte von Trieben sät man die Erbsen ab September im Freiland in Reihen aus, im Folientunnel, Frühbeetkasten oder Gewächshaus ab Oktober. Sinnvoll ist die Staffelung von Sätzen im Abstand von zwei bis drei Wochen. Ab Dezember/Januar verlangsamt sich das Wachstum der Erbsen. Sie brauchen dann weniger Platz, und die letzten Sätze können breitwürfig ausgesät werden. Für Sprossen weicht man die Erbsen 8–24 Stunden ein, gibt sie anschließend in ein Keimglas oder in einen Sprossenturm und spült sie mindestens zweimal täglich.

ERNTEVERLÄNGERUNG: Anzucht im Winter nur im Kasten, Folientunnel oder Gewächshaus.
SCHÄDLINGE UND KRANKHEITEN: Blattläuse, Erbsenwickler, Mehltau
GUTE SORTEN: 'Allerfrühste Mai', 'Ambassador', 'Wunder von Kelvedon'; 'Kleine Rheinländerin'; Zuckererbsen: 'Ambrosia', 'Norli', 'Sweet Horizon'
ERNTE UND LAGERUNG: Nach sechs bis acht Wochen kann man die ersten Triebe ernten. Sie sollten 10–20 cm lang und knackig grün sein. Sprossen kann man schon nach zwei bis vier Tagen ernten. Beide werden frisch verzehrt.
VERWENDUNG: Die Triebe und Sprossen schmecken nach Erbse. Man isst sie roh oder blanchiert als Gemüse oder in Wokgerichten.

ACKERBOHNE

Vicia faba Hülsenfruchtgewächse ☼

Saattiefe: 8–12 cm | Reihenabstand: 20 cm

Nährstoffbedarf: niedrig
Boden: schwer, humos
Aussaat: Februar/März
Kulturdauer: drei bis vier Monate
Beetpartner: Kohl, Sellerie als Nachkultur

Die Wildform der Ackerbohne ist heute nicht mehr bekannt. Frühe Formen wurden bei archäologischen Ausgrabungen in einer Steinzeitsiedlung in der Nähe von Nazareth in Israel gefunden. Sie werden auf sechs bis sieben Jahrtausende vor Christus datiert. Ausgrabungen im Mittelmeerraum belegen, dass Ackerbohnen dort erst seit etwa dem dritten Jahrtausend vor Christus angebaut wurden. Von dort hat die Ackerbohne ihren Siegeszug nach Mitteleuropa angetreten. Spätestens in den Klostergärten des Mittelalters war sie eine wichtige Nutzpflanze. Neben Erbsen oder Linsen stellte sie die Versorgung der Menschen mit Eiweiß sicher. Die Bohnen wurden meist getrocknet und konnten so für den Winter gut eingelagert werden. Frühe Formen der Ackerbohne waren wesentlich schlanker als die seit dem Mittelalter gezüchteten und heute noch bekannten späteren Kulturformen, die unter den Namen Dicke Bohne, Saubohne oder auch Puffbohne bekannt sind. Seit dem 17. Jahrhundert ging der Anbau stark zurück, denn die aus Amerika eingeführten Garten- und Feuerbohnen wurden der Ackerbohne vorgezogen.

'Crimson Flowered' ist eine rotblühende Bohnensorte.

ANBAU/PFLEGE: Ackerbohnen sind sehr kältetolerant und können ab Februar mit 10–20 cm Abstand in den offenen Boden gelegt werden. Sie keimen bereits bei Temperaturen von 5 °C. Lässt man sie vor der Aussaat mindestens 24 Stunden in lauwarmem Wasser quellen, keimen sie noch schneller. Auch die Vorkultur ist ab Januar möglich. Dazu legt man die Bohnen einzeln in Töpfe, damit sie nicht pikiert werden müssen. Das Pikieren würde die Bildung der Pfahlwurzeln unnötig verzögern. Vorgezogene Bohnen sind früher erntereif und damit nicht so anfällig für Blattläuse. Außerdem führt die frühe Aussaat zu reichem Ansatz von Blüten und Hülsen. Bohnen sind Schwachzehrer und bevorzugen schwere, kalkhaltige bis neutrale Böden. Sie sollten nicht zu dicht gepflanzt werden, denn ein großzügiger Abstand fördert die Blütenbildung. Der optimale Reihenabstand beträgt 20 cm. Ackerbohnen sind Stickstoffsammler und benötigen im Gartenbeet keinen zusätzlichen Dünger. Eine Mulchschicht hält den Boden feucht, und das Anhäufeln mit Erde erhöht die Standfestigkeit der Pflanzen. Hochwachsende Sorten werden mit Stäben gestützt. Während der Blüte benötigen Ackerbohnen viel Wasser. Sie sind eine gute Vorfrucht für viele Gemüse, denn mit ihren Pfahlwurzeln lockern sie den Boden tief. Außerdem werden sie früh geerntet und machen Platz für die Aussaat von Wintergemüse.
ERNTEVERLÄNGERUNG: Nicht nötig.
SCHÄDLINGE UND KRANKHEITEN: Schwarze Blattläuse, Schnecken

Die meisten Sorten haben weiße Blüten.

Geerntet werden in der Regel junge, noch grüne Hülsen.

ERNTE UND LAGERUNG: Ackerbohnen werden sowohl als Futtermittel für Tiere als auch für die menschliche Ernährung angebaut. In der Küche verwendet man meist nur die Hülsen junger Bohnen. Man erntet sie, wenn die Samen noch weich, aber schon durch die Hülsen fühlbar sind. Sie reifen nach und nach, deshalb ist ihr Erntezeitraum relativ lang – etwa vier Wochen. Man verwendet die Samen sowohl frisch als auch getrocknet. Für Trockenbohnen erntet man die Hülsen kurz vor dem Aufplatzen. Zum Konservieren müssen die Samen nachtrocknen. Frische Ackerbohnen lassen sich sieben Tage kühl lagern, man kann sie auch einkochen oder einfrieren. Getrocknet halten die Bohnen sehr lange.

VERWENDUNG: Junge Ackerbohnen isst man als Gemüse. Getrocknete weicht man in Wasser ein und kocht sie lange. Sie sind ein leckeres Wintergemüse. Besonders kräftig schmecken Sorten, die sich beim Kochen verfärben.

GUTE SORTEN

'Crimson Flowered'	früh, Blüte purpurrot, köstliche olivfarbene Bohnen
'Dreifach Weiße'	früh, alte Sorte, grüne Bohnen, werden beim Reifen heller, bräunen beim Kochen
'Grootbohnen'	spät, weiße Bohnen, bräunen beim Kochen
'Hangdown Grünkernig'	alte Sorte, hängende Hülse, grüne Bohnen, färben beim Kochen leicht aus
'Hunsrück'	spät, große, helle Bohnen, bräunen beim Kochen
'Osnabrücker Markt'	mittelfrüh, helle Bohnen, bräunen beim Kochen
'Rotsamige'	rote Samen bei Vollreife, großes Korn, Farbe geht ins Kochwasser über
'Schwarzsamige'	schwarze Samen bei Vollreife, großes Korn, Farbe geht ins Kochwasser über

KÜCHENKRÄUTER & WILDKRÄUTER

Frische Kräuter sind im Frühling und Sommer die Stars in jeder guten Küche. Noch wichtiger für uns ist jedoch die Kräuterernte im Herbst und Winter.

PETERSILIE

Petroselinum crispum
Doldenblütengewächse
Saattiefe: 2–3 cm | Pflanzabstand: 20 × 20 cm

Nährstoffbedarf: niedrig
Boden: humos, feucht
Aussaat: Juli bis September für die Winterernte, Februar / März für die Sommerernte, Vorkultur möglich
Kulturdauer: vier bis fünf Monate
Beetpartner: Kohl, Lauch, Knoblauch, Radieschen, Rettich

Petersilie ist eine uralte Heilpflanze, die schon in der Antike sehr geschätzt wurde. Die Früchte wurden von Griechen und Römern zur Behandlung von Blasen- und Nierenleiden verwendet. Spätestens seit dem Mittelalter ist die Petersilie auch bei uns bekannt und wurde in Klostergärten angebaut. Dort wurden auch die krausen Formen gezüchtet, sicher um die Verwechslungsgefahr mit der glattblättrigen, stark giftigen Hundspetersilie zu minimieren.

ANBAU / PFLEGE: Petersilie wird im Topf vorgezogen oder ab März direkt ins Freiland gesät. Für die Winterversorgung sät man im Juli im Freiland, im August oder Anfang September im kalten Kasten, Gewächshaus oder Folientunnel. Petersilie gedeiht im Halbschatten und braucht humose, feuchte Böden, mag aber keinen frischen Dünger. Während des Wachstums muss man sie gut feucht halten. Im zweiten Jahr blüht sie, dann ist die Neuanzucht zu empfehlen.
ERNTEVERLÄNGERUNG: Ein Frostschutzvlies verlängert die Ernte im Freiland.
SCHÄDLINGE UND KRANKHEITEN: Pilzkrankheit, Blattfleckenkrankheit, Blattläuse; die glatten Sorten sind robuster
GUTE SORTEN: krause Sorten: 'Grüne Perle 2', 'Mooskrause 2'; glatte Sorten: 'Einfache Schnitt 3', 'Gigante d'Italia'
ERNTE UND LAGERUNG: Petersilie kann den ganzen Winter geerntet werden. Sie lässt sich auch gut einfrieren.
VERWENDUNG: Petersilie sollte man nicht mitkochen, sie verliert dabei ihr Aroma. Glattblättrige Sorten sind besonders aromatisch.

SCHNITTLAUCH

Allium schoenoprasum
Amaryllisgewächse ☼ ◑
Saattiefe: 2 cm | Reihenabstand: 30 cm

ANBAU / PFLEGE: Schnittlauch wird ab März ins Freiland gesät. Da die Pflanzen schnell überaltern, teilt man die Wurzelstöcke nach zwei Jahren.
ERNTEVERLÄNGERUNG: Im September Wurzelballen ausgraben und trocknen lassen. Ab November die Wurzeln kürzen, die Pflanze eintopfen und in einen warmen Raum stellen, wo sie austreibt.
SCHÄDLINGE UND KRANKHEITEN: Schnittlauchrost, falscher Mehltau
GUTE SORTEN: 'Schmitt', 'Gonzales', 'Elbe'
ERNTE UND LAGERUNG: Junge Blätter kann man den ganzen Winter über ernten und frisch verwenden. Schnittlauch lässt sich gut einfrieren. Beim Trocknen verliert er dagegen sein Aroma.
VERWENDUNG: Frisch in Suppen und Salaten.

BÄRLAUCH

Allium ursinum Amaryllisgewächse ☼ ◑
Saattiefe: 2 cm | Pflanzabstand: 30 × 30 cm

ANBAU / PFLEGE: Bärlauch mag nahrhafte, kalkhaltige, frische bis feuchte Böden. Die Vermehrung erfolgt durch Aussaat (Kaltkeimer!) oder, viel einfacher, durch Teilung. Gepflanzt wird im Juni.
ERNTEVERLÄNGERUNG: Eine Schutzschicht aus Laub oder ein Vlies wärmt den Boden, der Bärlauch treibt dann etwas früher aus.
SCHÄDLINGE UND KRANKHEITEN: keine
GUTE SORTEN: Wildpflanze, keine Sorten
ERNTE UND LAGERUNG: Bärlauch wird nach dem Austrieb vor der Blüte geerntet – etwa von Februar bis Mai. Eine Lagerung ist nicht möglich
VERWENDUNG: Sein frischer Knoblauchgeschmack macht ihn zum beliebten Gewürz für Suppen, Salate und Pesto.

KERBEL

Anthriscus cerefolium

Doldenblütengewächse ☼ ◐

Saattiefe: Lichtkeimer | Reihenabstand: 25 cm

ANBAU / PFLEGE: Kerbel mag nahrhafte, feuchte Böden. Für die Winterernte sät man im Juli oder August, ansonsten ab März direkt ins Freiland, in Sätzen im Abstand von vier Wochen. Während des Wachstums muss Kerbel feucht gehalten werden.
ERNTEVERLÄNGERUNG: Ein Frostschutzvlies oder die Kultur unter Glas ermöglichen die Winterernte.
SCHÄDLINGE UND KRANKHEITEN: Blattläuse, Mehltau
GUTE SORTEN: 'Commun', 'Verena'
ERNTE UND LAGERUNG: Junge Blätter erntet man den ganzen Winter über. Frisch verwenden, getrocknet verliert Kerbel sein Aroma.
VERWENDUNG: Kerbel ist ein raffiniertes Gewürz für Suppen und Soßen.

KORIANDER

Coriandrum sativum

Doldenblütengewächse ◐

Saattiefe: 2–3 cm | Reihenabstand: 25 cm

ANBAU / PFLEGE: Koriander mag durchlässige Böden und Wärme. Für die Winterernte sät man ab Ende Juli unter Glas mehrere Folgesätze, sonst ab März ins Freiland.
ERNTEVERLÄNGERUNG: Ein Frostschutzvlies oder der Anbau im Frühbeetkasten, Folientunnel oder Gewächshaus ermöglichen die Winterernte.
SCHÄDLINGE UND KRANKHEITEN: Blattläuse, Mehltau, Doldenwelke (Pilzerkrankung)
GUTE SORTEN: 'Thüringer'
ERNTE UND LAGERUNG: Man erntet den ganzen Winter über junge Blätter. Frisch verwenden, beim Trocknen verliert Koriander sein Aroma.
VERWENDUNG: Koriander wird vor allem als Gewürz für asiatische Gerichte verwendet.

SCHNITTSELLERIE

Apium graveolens var. *secalinum*
Doldenblütengewächse ☼ ◑
Saattiefe: 0,5 cm | Pflanzabstand: 40 × 40 cm

ANBAU / PFLEGE: Für die Winterernte sät man ab Juni ins Freiland aus. Eine Kaliumgabe im September ist ratsam.
ERNTEVERLÄNGERUNG: Abdecken mit Vlies oder Laub. Im Frühbeetkasten oder Folientunnel kann während des ganzen Winters geerntet werden.
SCHÄDLINGE UND KRANKHEITEN: Blattfleckenkrankheit, Sellerieschorf, Selleriefliege, Bakterienfäule
GUTE SORTEN: 'Gewöhnlicher Schnitt', 'Aromatischer'
ERNTE UND LAGERUNG: Junge Blätter erntet man den ganzen Winter über. Frische Blätter kann man trocknen oder einfrieren.
VERWENDUNG: Schnittsellerie ist ein klassisches Gewürz für Suppen und Soßen.

STANGEN-/STAUDENSELLERIE

Apium graveolens var. *dulce*
Doldenblütengewächse ☼ ◑
Saattiefe: 0,5 cm | Pflanzabstand: 40 × 40 cm

ANBAU / PFLEGE: Aussaat ab Juni. Eine Extragabe Kalium im September ist zu empfehlen.
ERNTEVERLÄNGERUNG: Im Frühbeetkasten oder Folientunnel Ernte den ganzen Winter über.
SCHÄDLINGE UND KRANKHEITEN: Blattfleckenkrankheit, Sellerieschorf, Selleriefliege, Bakterienfäule
GUTE SORTEN: 'Roter Stiel', 'Giant Pascal', 'Tall Utah'
ERNTE UND LAGERUNG: Man erntet nach und nach die äußeren Blätter und Stiele. In feuchtes Papier eingewickelt ist Stangensellerie in kühlen Räumen lange haltbar.
VERWENDUNG: Roh oder gedünstet ist Stangensellerie eine aromatische Gemüsebeilage.

VOGELMIERE

Stellaria media Nelkengewächse

Saattiefe: Lichtkeimer | breitwürfig aussäen

ANBAU / PFLEGE: Die Vogelmiere wächst auf nährstoffreichen Böden. Einmal im Garten, braucht man sie nur noch zu ernten. Gesät wird ab März.

ERNTEVERLÄNGERUNG: Auf offenem Boden oder im Frühbeetkasten kann man Vogelmiere den ganzen Winter über ernten.

SCHÄDLINGE UND KRANKHEITEN: treten nur selten auf

GUTE SORTEN: Wildpflanze, keine Sorten

ERNTE UND LAGERUNG: Vogelmiere kann man während des ganzen Jahres ernten und frisch verwenden.

VERWENDUNG: Vogelmiere ist reich an Vitamin C. Sie wird als Salatbeigabe oder auch in Suppen gegessen, schmeckt aber auch als würziger Belag auf Butterbrot.

KLEINER WIESENKNOPF

Sanguisorba minor Rosengewächse

Saattiefe: 1–2 cm | Pflanzabstand: 40 × 50 cm

ANBAU / PFLEGE: Der Kleine Wiesenknopf (Pimpinelle) wird durch Aussaat im März und Pflanzung im Mai oder durch Wurzelteilung im Herbst vermehrt. Öfter neu pflanzen, junge Blätter schmecken am besten.

ERNTEVERLÄNGERUNG: Ein Schutzvlies vereinfacht die Ernte im Winter.

SCHÄDLINGE UND KRANKHEITEN: Mehltau

GUTE SORTEN: Wildpflanze, es existieren keine Sorten

ERNTE UND LAGERUNG: Die Blätter kann man den ganzen Winter über ernten. Sie können nur kurze Zeit kühl gelagert werden.

VERWENDUNG: Die Blätter schmecken nach Gurke. Sie würzen Suppen, Salate und Soßen. Nicht mitkochen!

Stridolo ist an seinen Blüten leicht zu erkennen.

Die jungen Blätter gelten in Italien als Gourmetgemüse.

STRIDOLO

Silene vulgaris Nelkengewächse ☼

Saattiefe: Lichtkeimer | Pflanzabstand: 25 × 25 cm

Nährstoffbedarf: niedrig
Boden: mager, trocken
Aussaat: August für die Winterernte, Februar / März für die Sommerernte, Vorkultur sinnvoll
Kulturdauer: fünf bis sechs Monate, mehrjährige Kultur möglich
Beetpartner: Möhre, Salat, Radieschen

Stridolo, auch unter dem Namen Gemeines Leimkraut bekannt, ist eine typische heimische Magerrasenpflanze und wächst auf Böschungen. Das mehrjährige Kraut ist winterhart und hat aufgeblasene, kugelige, weiße Blüten. Seine Blätter schmecken wie eine Mischung aus Erbsen und Estragon und sind etwas bitter. Im Mittelmeerraum, besonders in Italien, ist Stridolo ein wichtiges Blattgemüse.

ANBAU / PFLEGE: Für die Winterernte wird Stridolo im August ausgesät und etwa drei Wochen später pikiert. Sind die Jungpflanzen groß genug, pflanzt man sie im September mit 25 × 25 cm Abstand in den Frühbeetkasten. Für die Sommerernte sät man ab Februar / März und pflanzt im April. Die Pflanzen blühen dann schon im ersten Jahr. Kommt auf nährstoffarmen Böden gut zurecht und braucht viel Sonne.
ERNTEVERLÄNGERUNG: Stridolo kann in den Frühbeetkasten gepflanzt und dort während des ganzen Winters geerntet werden.
SCHÄDLINGE UND KRANKHEITEN: treten kaum auf
GUTE SORTEN: Wildpflanze, keine Sorten
ERNTE UND LAGERUNG: Man schneidet die Blätter ab Januar einige Zentimeter über dem Boden ab, so können neue Blätter nachtreiben. Die Blätter können zwei bis drei Tage im Kühlschrank gelagert werden.
VERWENDUNG: Das Kraut wird als Beigabe in Suppen, Risotto oder Gemüsegerichten verwendet. Stridolo ist auch eine interessante Heilpflanze. Die jungen Triebe enthalten reichlich Bitterstoffe, Mineralstoffe, Saponine und Vitamine und regen den Stoffwechsel an. Bei spröder, trockener und leicht entzündeter Haut werden Wurzelabkochungen für Bäder oder Waschungen eingesetzt.

BREITWEGERICH

Plantago major Wegerichgewächse ☼

Saattiefe: Lichtkeimer | Pflanzabstand: 25 × 25 cm

ANBAU / PFLEGE: Breitwegerich wird entweder durch Aussaat im März oder durch Teilung im Herbst vermehrt.
ERNTEVERLÄNGERUNG: Für den Winteranbau werden Jungpflanzen am besten in den Frühbeetkasten gesetzt.
SCHÄDLINGE UND KRANKHEITEN: kaum
GUTE SORTEN: Wildpflanze, keine Sorten
ERNTE UND LAGERUNG: Junge Blätter erntet man ab November frisch, ohne die Blattrosette zu verletzen. Blätter und Blütenknospen lassen sich fünf bis sieben Tage kühl lagern.
VERWENDUNG: Die Blätter schmecken champignonartig und dienen als Gemüse- oder Salatgrundlage. Auch die langen Blütenknospen sind essbar und werden z. B. an Salate gegeben.

GARTENMELDE

Atriplex hortensis Gänsefußgewächse ☼

Saattiefe: 1 cm | Reihenabstand: 30 cm

ANBAU / PFLEGE: Für den Winteranbau sät man Gartenmelde ab September in Sätzen in den Frühbeetkasten, ansonsten im Frühjahr oder Sommer direkt ins Beet.
ERNTEVERLÄNGERUNG: Im Frühbeetkasten wird auch im Winter geerntet.
SCHÄDLINGE UND KRANKHEITEN: Blattläuse
GUTE SORTEN: grüne, rote, gelbe und buntblättrige Sorten
ERNTE UND LAGERUNG: Ab November. Junge Blätter und Triebspitzen sollte man nur frisch verwenden.
VERWENDUNG: Gartenmelde bereitet man wie Spinat zu oder verarbeitet sie zu Gemüsepürees und Pesto. Junge Blätter schmecken säuerlich und passen in Salate.

GROSSE KLETTE

Arctium lappa Korbblütengewächse ☼

Saattiefe: 3 cm | Pflanzabstand: 50 × 50 cm

ANBAU / PFLEGE: Ausgesät wird im April direkt ins Beet. Die Große Klette wächst zweijährig und blüht im 2. Jahr.
ERNTEVERLÄNGERUNG: Mit einem Schutzvlies kann man die Wurzeln auch im Winter bequem ernten.
SCHÄDLINGE UND KRANKHEITEN: Blattläuse
GUTE SORTEN: Wildpflanze, keine Sorten
ERNTE UND LAGERUNG: Die Wurzeln der einjährigen Pflanzen gräbt man von November bis März aus. Gereinigte Wurzeln können in Sand gelagert werden. Junge Triebe erntet man im Frühjahr.
VERWENDUNG: Junge Triebe mischt man am besten in Gemüsepürees oder verwendet sie als Zutat in Pesto. Die Wurzeln raspelt man roh in Salat oder isst sie als Kochgemüse.

SCHARBOCKSKRAUT

Ranunculus ficaria Hahnenfußgewächse ◐

Saattiefe: 1 cm | Pflanzabstand: 15 × 15 cm

ANBAU / PFLEGE: Die Vermehrung erfolgt entweder durch Aussaat im April oder durch Teilung der Wurzelstöcke im Herbst. Scharbockskraut ist mehrjährig und wächst im Halbschatten von Gehölzen.
ERNTEVERLÄNGERUNG: Wenn man das Kraut mit einem Vlies abdeckt, kann man es im Spätwinter bzw. zeitigen Frühjahr früher ernten.
SCHÄDLINGE UND KRANKHEITEN: keine
GUTE SORTEN: Wildpflanze, keine Sorten
ERNTE UND LAGERUNG: Im späten Winter erntet man die Blätter vor der Blüte. Sie können zwei bis drei Tage gelagert werden.
VERWENDUNG: Die Blätter schmecken nur frisch – entweder im Salat oder als Belag auf einem Butterbrot.

ECHTER SALBEI

Salvia officinalis Lippenblütengewächse

Saattiefe: 1 cm | Pflanzabstand: 30 × 30 cm

ANBAU / PFLEGE: Salbei mag leichte Böden in sonniger Lage, auf schweren Böden ist er nicht ganz winterfest. Gesät wird im März, gepflanzt im Mai.
ERNTEVERLÄNGERUNG: Salbei stellt das Wachstum im Winter ein. Glocken, Folientunnel oder mobile Kästen können die Erntezeit verlängern.
SCHÄDLINGE UND KRANKHEITEN: Mehltau bei ständiger Feuchtigkeit
GUTE ARTEN / SORTEN: 'Extrakta', 'Non Flower', 'Purpurascens'
ERNTE UND LAGERUNG: Im Winter pflückt man einzelne Blättchen. Nicht blühende Triebe trocknet man im Sommer. Sie bleiben lange aromatisch.
VERWENDUNG: Salbei ist ein typisch italienisches Gewürz, das Fleischgerichten eine mediterrane Note gibt.

ECHTER THYMIAN

Thymus vulgaris Lippenblütengewächse

Saattiefe: 1 cm | Pflanzabstand: 25 × 25 cm

ANBAU / PFLEGE: Thymian mag leichte Böden in sonniger Lage, auf schweren Böden ist er nicht ganz winterfest. Aussaat im März und Pflanzung im Mai, oder Stecklinge im Juni / Juli.
ERNTEVERLÄNGERUNG: Glocken, Folientunnel oder mobile Kästen verlängern die Erntezeit.
SCHÄDLINGE UND KRANKHEITEN: am geeigneten Standort kaum
GUTE ARTEN / SORTEN: 'Compactus' *(T. vulgaris)*, Zitronenthymian *(T. × citriodorus)*, Kümmelthymian *(T. herba-barona)*
ERNTE UND LAGERUNG: Im Winter frische Blättchen ernten, im Sommer trocknet man junge Blätter und Triebspitzen.
VERWENDUNG: Thymian gehört zu den typisch mediterranen Gewürzen.

TROUBLESHOOTING: SCHNELLE HILFE BEI PROBLEMEN

Auch wenn man alles richtig macht, kann es mal ein Problem geben – besonders, wenn das Wetter nicht ganz mitspielt. Je schneller man reagiert, umso eher schafft man Abhilfe.

▲ **Kohlhernie** ist eine Pilzerkrankung, die Kohlarten und auch andere Kreuzblütler befällt. Der Pilz dringt über die Wurzeln in die Pflanzen ein und schädigt die Leitungsbahnen. Wassermangel und welkende Blätter sind die Folge. Die Verbreitung lässt sich durch Fruchtwechsel mit einer Anbaupause von 5–7 Jahren eindämmen. Falls die Krankheit auftritt, sollte man auf Gründünger aus der Familie der Kreuzblütler wie Senf oder Raps verzichten.

Echter Mehltau ist eine weit verbreitete Pilzerkrankung an Pflanzen. Er verbreitet sich besonders bei Trockenheit und Wärme. Er bildet einen weißen Belag auf den Blattoberseiten, der später bräunlich wird. Die Folge sind Wachstumsstörungen und Verkrümmungen der Blätter. Befallene Pflanzenteile müssen zügig entfernt werden. Die wichtigste vorbeugende Maßnahme: abends nicht gießen. Bei starkem Befall spritzt man mit einer Brühe aus Knoblauch oder Rainfarn. ▶

◀ **Grauschimmel** oder **Botrytis** entsteht bei viel Feuchtigkeit kombiniert mit hohen Temperaturen und kann in extremen Fällen zum Totalausfall der Kulturen führen. Beste vorbeugende Maßnahmen sind ein großer Pflanzabstand im Freiland und regelmäßiges Lüften im Gewächshaus oder Frühbeetkasten. Befallene Pflanzenteile regelmäßig entfernen!

◄ **Falscher Mehltau** befällt im Gegensatz zum Echten Mehltau immer die Blattunterseiten. Auf der Blattoberseite kommt es zu Fleckenbildungen und später zu Verfärbungen. Wichtigste vorbeugende Maßnahmen sind eine gute Belüftung und ein weiter Pflanzenabstand. Befallene Blätter müssen entfernt werden. Außerdem helfen Spritzungen mit Knoblauch- oder Wermutbrühe.

Rostkrankheiten werden von Pilzen verursacht und breiten sich von der Blattunterseite her aus. Es erscheinen rostbraune Pusteln, die sich im Laufe der Zeit zu Flecken ausdehnen. Vorbeugend helfen pflanzenstärkende Maßnahmen wie Acker-Schachtelhalmbrühe oder eine kalibetonte Düngung. Zur Bekämpfung der Krankheit entfernt man alle befallenen Pflanzenteile und spritzt mit einer Brühe aus Wermut oder Knoblauch. ►

◄ **Schwarzbeinigkeit** ist eine bakterielle Erkrankung, die Möhren, Bohnen, Zwiebeln, Erbsen und Rüben befallen kann. Eine wesentliche Infektionsquelle ist der Boden, daher ist die Fruchtfolge streng zu beachten. Die Bakterien dringen in die Pflanzen ein und lösen eine Nassfäule aus. Kühles, nasses Wetter begünstigt die Krankheit. Als vorbeugende Maßnahme sollten die Kulturen trocken gehalten werden. Außerdem helfen pflanzenstärkende Maßnahmen wie Acker-Schachtelhalmbrühe recht gut.

Septoria ist eine Pilzerkrankung, die vor allem Sellerieblätter befällt. Stängel und Blätter sind gelb-braun gefleckt, und die Krankheit breitet sich bei nassem Wetter schnell aus. Das Wachstum wird gehemmt und die Blätter vertrocknen. Alle befallenen Pflanzen müssen rasch entfernt werden, den Boden gräbt man nach der Ernte tief um. ►

◀ **Salatfäule** tritt häufig bei feuchter Witterung auf. Sie wird durch den Sclerotinia-Pilz ausgelöst, der sich in vielen Böden befindet und die Salatpflanzen befällt. In der Folge beginnen der Wurzelhals und die unteren Blätter zu faulen. Es gibt kaum Möglichkeiten diese Pilze zu bekämpfen, daher sollte Salat nicht zu eng und nicht zu tief gepflanzt werden.

Kohlfliegen ähneln kleinen grauen Stubenfliegen. Sie befallen in erster Linie Kohl, aber auch andere Kreuzblütler wie Radieschen oder Rettich. Die Kohlfliegen legen ihre Eier am Wurzelhals junger Pflanzen oder in der Erde ab. Die weißen Larven fressen sich durch die Wurzeln und bringen die Pflanzen zum Welken. Die Kohlfliege ist in der Lage, die ganze Ernte rasch zu vernichten. Der beste Schutz ist ein engmaschiges Kulturschutznetz. ▶

◀ **Möhrenfliegen** sind sehr hartnäckige Schädlinge. Auffällig sind kleine, bräunliche Fraßgänge in den Wurzeln. Bei starkem Befall beginnt das Laub zu welken. Die Fliegen legen ihre Eier in der Erde ab, und die weißen Larven fressen sich durch die Wurzeln. Möhrenfliegen bekämpft man am besten vorbeugend. Dazu bekommt das Beet einen offenen, windigen Platz, und man pflanzt die Möhren in Mischkultur mit Zwiebeln oder Lauch.Sehr wirksam ist außerdem ein Kulturschutznetz.

Die **Zwiebelfliege** befällt Lauchgewächse wie Zwiebel, Porree oder Schnittlauch. Die Maden fressen sich in das Herz der Pflanzen und höhlen sie aus. Die Gemüse sterben langsam ab und müssen schnell vernichtet werden. Vorbeugend helfen Spritzungen mit Rainfarn- oder Wermutbrühe, auch ein Kulturschutznetz ist hilfreich. ▶

◄ **Nacktschnecken** sind die hungrigsten Fresser im Gemüsebeet, besonders bei feuchter Witterung vertilgen sie Unmengen an Blättern. Am besten bekämpft man sie vorbeugend. Das Gemüsebeet bekommt einen offenen, sonnigen Standort, und man gießt möglichst nicht abends. Besonders gefährdete Beete schützt man mit einem Schneckenzaun.

Weiße Fliegen sieht man im Spätsommer oder Herbst oft an den Blattunterseiten von Grün- oder Rosenkohl. Sie saugen Pflanzensäfte aus den Blättern und scheiden Honigtau aus. Darauf siedeln sich Rußtaupilze an. Vorbeugende Maßnahmen sind Fruchtwechsel und zusätzliche Kalidüngung zur Stärkung der Pflanzen. Bewährt haben sich Spritzungen mit Rainfarnbrühe. ►

◄ Der **Kohlweißling** legt seine Eier vorrangig auf Kohlarten ab. Aus den Eiern schlüpfen Raupen, die den Blättern durch Lochfraß einen erheblichen Schaden zufügen können. Man bekämpft diesen Schmetterling am besten, indem man die Blattunterseiten der Kohlpflanzen nach Eiern absucht und sie vollständig entfernt, ebenso die grünen Raupen. Auch ein Kulturschutzvlies hilft.

Drahtwürmer leben im Erdboden. Ihre Larven fressen besonders im Frühjahr oder Herbst Wurzeln oder Knollen von Rote Bete, Möhren oder Erbsen. Dabei hinterlassen sie regelmäßig angeordnete Fraßgänge. Vorbeugend wirkt eine tiefreichende Bodenbearbeitung und häufiges Hacken. Dies stört ihre Entwicklung. ►

◀ **Blattläuse,** hier die Schwarze Bohnenlaus, sind wohl die am weitesten verbreiteten Schädlinge im Gemüsegarten. Sie vermehren sich schnell und führen zu erheblichen Schäden. Mischkulturen und das Ansiedeln von Nützlingen (Insektenhotels oder Florfliegenkästen) sind die wichtigsten vorbeugenden Maßnahmen gegen allzu starken Befall.

Erdflöhe treten vorwiegend an jungen Blättern in Bodennähe auf. Der Raps-Erdfloh befällt in erster Linie Rucola, Radieschen, Rettich und Kohl. Die Tiere fressen die Blattoberflächen junger Pflanzen an und hinterlassen kleine, runde Löcher. Besonders kritisch ist der Befall von Sämlingen. Erdflöhe bekämpft man vorbeugend durch Mulchen und regelmäßiges Gießen. ▶

◀ **Lauchmotten** sind unscheinbare kleine Falter. Sie sind nachtaktiv und legen ihre Eier auf dem noch jungen Lauch ab. Ihre Larven fressen sich durch die Blätter und später auch durch den Schaft der Pflanzen. Der Befall ist an den Fraßgängen gut zu erkennen, an denen sich bei günstigen Bedingungen schnell Fäulnis ausbreitet. Der Kot der Insekten ist als schwarze Ablagerung sichtbar. Abhilfe schafft ein engmaschiges Kulturschutznetz.

Kaninchen fressen Kohl, Salat oder Möhren. Im Sommer halten sich die Fraßschäden in Grenzen, aber im Winter ist das Nahrungsangebot gering, und Kaninchenfraß kann zu Totalausfällen führen. Abhilfe schafft ein engmaschiger Zaun, der 25 cm tief in die Erde eingegraben wird. ▶

◄ **Wühl-** und **Feldmäuse** richten im Garten großen Schaden an, denn sie fressen Knollen und Wurzeln und die Pflanzen sterben ab. Vorbeugend hilft es nur, das Nahrungsangebot für die Nager zu verringern, d. h., man muss Fallobst aufsammeln und die Gemüselager kontrollieren. Zur direkten Bekämpfung dienen handelsübliche Fallen.

Vom **Schießen** spricht man, wenn bei typischen Langtagspflanzen wie dem Kopfsalat an langen Sommertagen aus den Köpfen ein Blütenstand wächst. Der Salat ist dann für den Verzehr verloren. Vorbeugend gilt es, die Saattermine einzuhalten und den Salat rechtzeitig zu ernten. Die Blätter von frisch geschossenem Salat sind aber noch genießbar. ►

◄ **Aufreißende Knollen** kommen beim Kohlrabi vor. Dieses Gemüse braucht für das Wachstum viel Wasser und ausreichend Nährstoffe. Es bildet große Knollen, die man rechtzeitig ernten muss. Wenn die Pflanzen lange trocken stehen und dann plötzlich viel Wasser bekommen, können die Knollen aufreißen. Die Zellen nehmen dann sehr viel Wasser auf, bis die Knolle platzt. Um das zu vermeiden, muss man Kohlrabi regelmäßig gießen.

Frostschäden entstehen bei nicht frostharten Kulturen wie dem Pak Choi, wenn sie nicht vor Temperaturen unter 0 °C geschützt werden. Solche Gemüse bekommen ein Frostschutzvlies, einen Folientunnel oder werden geerntet und eingelagert. Ohne diese Maßnahmen kommt es schnell zu Frostschäden. Die Gemüse sind dann nicht mehr genießbar. ►

AUSSAAT- UND ANBAUKALENDER

Aussaat Vorkultur · Pflanzung · Aussaat im Beet · Ernte in Winter · Lagerzeit

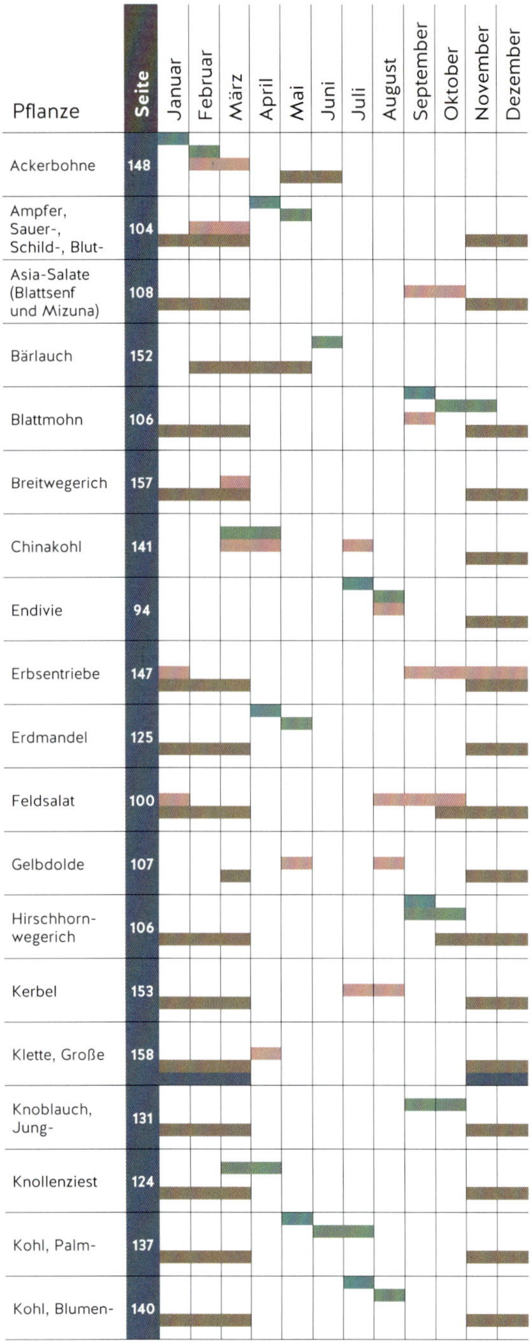

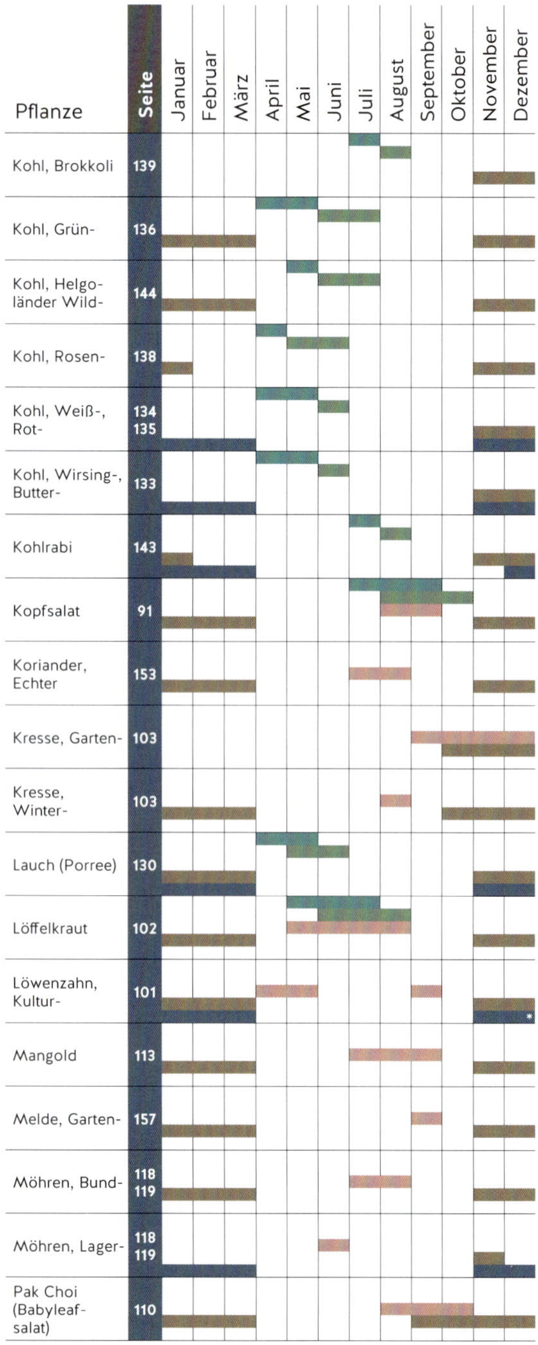

Pflanze	Seite	Januar	Februar	März	April	Mai	Juni	Juli	August	September	Oktober	November	Dezember
Pak Choi (Kohl)	142												
Pastinake	120												
Petersilie, Blatt-	151												
Petersilie, Wurzel-	121												
Pflücksalat/ Schnittsalat	92 93												
Postelein (Winter-portulak)	103												
Radieschen	115												
Rettich	116												
Rote Bete, Blätter	105												
Rote Bete, Knolle	117												
Rucola	111												
Salat-Chrysantheme	105												
Salbei, Echter	159												
Scharbocks-kraut	158												
Schnittlauch	152												
Schwarzwurzel	123												
Sedadina	107												
Sellerie, Knollen-	121												
Sellerie, Schnitt-	154												
Sellerie, Stangen-/Stauden-	154												
Speiserübe	122												
Spinat	112												
Steckrübe	123												
Stielkohl	145												
Stridolo	156												
Thymian, Echter	159												
Topinambur	124												
Vogelmiere	155												
Wiesenknopf, Kleiner	155												
Zichorie, Blatt-	97												
Zichorie, Catalogna	96												
Zichorie, Chicorée	98 99												**
Zichorie, Radicchio	96												
Zichoriensalat (Zuckerhut)	95												
Zuckerwurzel	125												
Zwiebel, Frühlings-	128												
Zwiebel, Küchen- (Lager-)	127												
Zwiebel, Winter-	127												
Zwiebel, Winterhecken-	129												

*Wurzeln **Treiberei

SERVICE UND ADRESSEN

INFORMATIONEN

Abtei Fulda
Benediktinerinnenabtei zur Hl. Maria
Nonnengasse 16
36037 Fulda
http://www.abtei-fulda.de/gartenbau/

Dreschflegel e.V.
In der Aue 31
37213 Witzenhausen
https://www.dreschflegel-saatgut.de/

Stadtgarten Bebelhof
Schefflerstraße 34
38126 Braunschweig
http://stadtgartenbebelhof.de/

VEN
Verein zum Erhalt der Nutzpflanzenvielfalt e.V.
Walburger Straße 2
37213 Witzenhausen
https://www.nutzpflanzenvielfalt.de/

City Farm Schönbrunn
Verein zur Förderung von Urban Gardening, Gartenpädagogik und ökologischer Bildung
Grünbergstraße 24
A 1130 Wien
https://www.cityfarm.wien

Arche Noah
Österreichische Gesellschaft für Erhaltung der Kulturpflanzenvielfalt & ihre Entwicklung
Obere Straße 40
A 3553 Schiltern
https://www.arche-noah.at/

Im Internet
https://www.dreschflegel-saatgut.de/pflanzenportraits/
https://www.mein-schoener-garten.de/
https://kulturpflanzen-nutztiervielfalt.org//
http://www.gentechnikfreie-saat.org/
http://www.garten-des-lebens.de/

BODENPROBEN

LUFA Nord-West
Jägerstraße 23–27
26121 Oldenburg
https://www.lufa-nord-west.de/

AGROLAB Agrar und Umwelt GmbH - Sarstedt
Breslauer Straße 60
31157 Sarstedt
Deutschland
https://www.agrolab.com/de/

VDLUFA
Verband Deutscher Untersuchungs- und Forschungsanstalten e.V.
LUFA Speyer
Obere Langgasse 40
67346 Speyer
http://www.vdlufa.de/de/

SAATGUT

Quedlinburger
Vertriebsgesellschaft Quedlinburger Saatgut mbH
Dieselstraße 1
06449 Aschersleben
https://www.quedlinburger-saatgut.de/

Aromagärtnerei Deaflora
Andrea Hellmich
Dr.-Wolff-Straße 6
14542 Werder/Havel OT Glindow
www.deaflora.de

Rühlemann (Kräuter)
Rühlemann's Kräuter & Duftpflanzen
Auf dem Berg 2
27367 Horstedt
http://www.kraeuter-und-duftpflanzen.de

Dreschflegel
In der Aue 31
37213 Witzenhausen
https://www.dreschflegel-saatgut.de/

Bruno Nebelung GmbH
Freckenhorster Straße 32
48351 Everswinkel
www.nebelung.de

Bingenheimer Saatgut AG
Kronstraße 24
61209 Echzell
https://www.bingenheimersaatgut.de/gemuese/

HILD samen gmbh
Kirchenweinbergstraße 115
71672 Marbach am Neckar
www.hildsamen.de

LITERATUR

Andreas Barlage, Brigitte Goss, Thomas Schuster: **Quickfinder Gartenjahr.** Gräfe und Unzer Verlag, München

Burkhard Bohne: **Kräuter.** Kosmos Verlag, Stuttgart

Christine Breier: **Der Genussgarten. Zier- und Nutzpflanzen gekonnt kombinieren.** Gräfe und Unzer Verlag, München

Monty Don: **Genial Gärtnern. Biologisch und naturnah.** Dorling Kindersley, München

Niki Jabbour: **Gemüse und Kräuter ganzjährig anbauen.** Kopp Verlag, Rottenburg

Silke Kluth: **Selbstversorgt – Das Startprogramm für Einsteiger.** Gräfe und Unzer Verlag, München

Folko Kullmann: **Gärtnern mit dem Hochbeet.** Gräfe und Unzer Verlag, München

Joachim Mayer: **Alte Gemüse neu entdeckt.** Gräfe und Unzer Verlag, München

Ursula Reinhard: **Gemüseschätze selbst anbauen und genießen - Alte Gemüsesorten neu entdeckt.** Kosmos Verlag, Stuttgart

Wolf-Dieter Storl: **Der Selbstversorger: Mein Gartenjahr.** Gräfe und Unzer Verlag, München

WICHTIGE HINWEISE

Die meisten der vorgestellten Arten und Sorten sollten nicht im Übermaß verzehrt werden. Bohnen sind roh in größeren Mengen giftig und müssen vor dem Genuss gekocht werden. Das Gleiche empfiehlt sich auch für Erbsen.
Bewahren Sie Dünge- und Pflanzenschutzmittel für Kinder und Haustiere unerreichbar auf. Wenn Sie sich bei den Arbeiten verletzen, sollten Sie umgehend einen Arzt aufsuchen. Eventuell ist eine Impfung gegen Tetanus erforderlich.

REGISTER

Die **halbfett** gesetzten Seitenzahlen verweisen auf Abbildungen.

A

B

C

Q

R

S

T

U

V

W

Z

GARTENLUST PUR.

ISBN 978-3-8338-5579-5

ISBN 978-3-8338-6487-2

ISBN 978-3-8338-6349-3

ISBN 978-3-8338-6533-6

ISBN 978-3-8338-6352-3

ISBN 978-3-8338-6194-9

e Auch als eBook erhältlich.

G|U

Mehr von GU auf **www.gu.de** und **facebook.com/gu.verlag**

IMPRESSUM

DER AUTOR

Burkhard Bohne ist ausgebildeter Gärtnermeister und seit 1990 Technischer Leiter des Arzneipflanzengartens der TU Braunschweig. Er arbeitet zudem als freiberuflicher Autor für verschiedene Tageszeitungen und Gartenmagazine, ist Autor einiger Gartenbücher, Mitglied der Arbeitsgemeinschaft der Technischen Leiter Botanischer Gärten e.V. (AGTL) und arbeitet als Gartenplaner mit dem Schwerpunkt Kräuter- und Nutzgärten. 2011 gründete er die erste Kräuterschule Braunschweigs.

Umwelthinweis: Dieses Buch ist auf PEFC-zertifiziertem Papier aus nachhaltiger Waldwirtschaft gedruckt.

Projektleitung: Maria Hellstern, Antonia Hoffmann

Lektorat: Barbara Kiesewetter

Bildredaktion: Dr. Folko Kullmann

Korraktorat: Dr. Helga Hofmann

Umschlaggestaltung: independent Medien-Design, Horst Moser, München

Layout: kral&kral design, München

Satz: Ludger Vorfeld

Produktion: Petra Roth

Reproduktion: Longo AG, Bozen

Druck und Bindung: Firmengruppe APPl, aprinta druck, Wemding

ISBN 978-3-8338-6705-7

3. Auflage 2020

www.facebook.com/gu.verlag

GRÄFE UND UNZER

Ein Unternehmen der
GANSKE VERLAGSGRUPPE

BILDNACHWEIS

Elke Borkowski/gardenpicturestock: 7-1, 13, 15-1, 15-2, 16, 18, 19, 20, 30, 58, 68, 71-2, 93-1, 93-2, 104-2, 111, 113-1, 117-2, 119-1, 120-1, 123-2, 128-1, 129-2, 130-1, 131-1, 136-1, 138-1, 138-2;
deaflora.de: 156-2;
Flora Press Agency/BIOSPHOTO/Jean-Michel Groult 33, /BIOSPHOTO /Virginie Klecka 66, /BIOSPHOTO/Virginie QuÈant 12, /Botanical Images 119-2, / Caroline Bureck 131-2, /Derek St. Romaine 142-2,/Digitalice Images 117-1, / Edition Phönix 165-2, /FrÉdÉric Tournay 107-1, /GWI 96-2, /Jacques Durand 140-2, /Martin Hughes-Jones 17, 99-1, 99-2, 108, 110-1, 142-1, /Karen Meyer-Rebentisch 80, 98, 106-1, 124-2,/Nova Photo Graphik 121-2,/Otmar Diez 31-1, 101-1, 102-1, /Royal Horticultural Society 52, /Ute Klaphake 95-2, 125-2, 144-1, /Visions 24-25, 125-1, / Thomas Lohrer 163-4;
GAP Photos: 2-3, /Dave Bevan 64, 160-3, 162-2, /FhF Greenmedia 31-2, 63-1, 65-2, 162-3, /Fiona McLeod 137-2, /Geoff Kidd 71-1, 103-2, 104-1, /Graham Strong 57-2, /J S Sira 135-2, /Jonathan Buckley 145, / Juliette Wade 10, 46, 88-89, 132, /Keith Burdett 90, /Lee Avison 105-1, 105-2, / Lynn Keddie 8-9, /Mark Winwood 51-1, / Mark Winwood 51-2, /Martin Hughes-Jones 65-1, /Matt Anker 37-1, /Maxine Adcock 41-1, /Michael Howes 126, / Michael King 49-3, /Nicola Stocken 22, 136-2, /Robert Mabic 11, 69, /Sarah Cuttle 7-2, 123-1, 139-1, 146, 150, /Thomas Alamy 32, 72, 102-2, 107-2, /Tim Gainey 26, 53-1, /Zara Napier 106-2, 114;
GU/gartenfoto.eu/Martin Staffler (Produktion Folko Kullmann) 27, 28-1, 28-2, 29-1, 29-2, 29-3, 45, 47, 49-2, 53-2, 55, 60, 61, /Kristijan Matic (Produktion Folko Kullmann) 34-1, 34-2, 35-1, 35-2, 35-3;
Steffen Hauser/botanikfoto 97;
Leena Hokka 120-2;
Susanna Komischke 144-2;
Kristijan Matic 38-1, , 38-2, 39-1, 39-2, 39-3, 42, 43-1, 43-2, 62, 82, 83-1, 83-2, 84, 85, 86-1, 86-2, 87-1, 87-2, 87-3, 130-2, 165-3;
mauritius images/imageBROKER/John Eveson/FLPA 37-2, /UtCon Collection/ Alamy 73;
Kerstin Mumm 6;
Bruno Nebelung GmbH/Kiepenkerl 141-1;
Guido Sachse 164-2;
Shutterstock 44-1, 44-2, 54, 79-1, 91, 101-2, 109-1, 133, 139-2, 143-2, 148, 151, 152-2, 153-1, 153-2, 154-1, 154-2, 155-1, 156-1, 157-1, 158-1, 158-2, 159-2, 159-2, 160-2, 162-4, 163-1, 163-3, 164-1, 164-4, 165-4;
StockFood/Harry Bischof 79-2; /René Riis 76;
Friedrich Strauß 14, 21, 36, 40-1, 41-2, 48, 49-1, 50, 56, 57-1, 59-1, 59-2, 63-2, 67, 70, 74-1, 74-2, 75-1, 75-2, 75-3, 78, 81, 94, 96-1, 100, 103-1, 109-2, 110-2, 112, 113-2, 115, 116-1, 116-2, 118, 121-1, 122-1, 122-2, 124-1, 127, 128-2, 129-1, 134, 135-1, 137-1, 140-1, 141-2, 143-1, 149-1, 149-2, 155-2, 157-2;
Friedrich Strauß/NouN 147;
Andreas Vietmeier 160-1, 161-1, 161-2, 161-3, 161-4, 162-1, 163-2, 164-3, 165-1;
Zoonar/LianeM 152-1, /Peter Himmelhuber 95-1;
Illustrationen von **GU**/Sylvia Bespaluk: 23-1, 23-2

QUALITÄTS G|U GARANTIE

LIEBE LESERINNEN UND LESER,

wir wollen Ihnen mit diesem Buch Informationen und Anregungen geben, um Ihnen das Leben zu erleichtern oder Sie zu inspirieren, Neues auszuprobieren. Wir achten bei der Erstellung unserer Bücher auf Aktualität und stellen höchste Ansprüche an Inhalt und Gestaltung. Alle Anleitungen und Rezepte werden von unseren Autoren, jeweils Experten auf ihren Gebieten, gewissenhaft erstellt und von unseren Redakteuren/innen mit größter Sorgfalt ausgewählt und geprüft.

Haben wir Ihre Erwartungen erfüllt? Sind Sie mit diesem Buch und seinen Inhalten zufrieden? Wir freuen uns auf Ihre Rückmeldung. Und wir freuen uns, wenn Sie diesen Titel weiterempfehlen, in Ihrem Freundeskreis oder bei Ihrem online-Kauf.

Sollten wir Ihre Erwartungen so gar nicht erfüllt haben, tauschen wir Ihnen Ihr Buch jederzeit gegen ein gleichwertiges zum gleichen oder ähnlichen Thema um.

KONTAKT ZUM LESERSERVICE

GRÄFE UND UNZER VERLAG
Grillparzerstraße 12
81675 München
www.gu.de